GESUNDE SOMMER-KÜCHE

DR. MED. ANNE FLECK

DR. MED. ANNE FLECK

GESUNDE SOMMERKÜCHE

SCHNELL · EINFACH · KÖSTLICH

FOTOS Hubertus Schüler
REZEPTE Su Vössing
TEXTE Dr. med. Anne Fleck

INHALT

Sommer! Endlich, Sommer!
6

Ernährung – neuester Stand der Forschung
8

Gesund durch die heißen Tage
14

Speisen, die kühlen, Speisen, die wärmen – jahrtausendealtes Wissen nutzen
20

Kräuter – dank vieler Sonnenstunden noch wirksamer
22

REZEPTE

Erfrischende Smoothies und Getränke
31

Leichte Suppen und Vorspeisen
43

Salate für heiße Tage
65

Sommergerichte mit Fleisch
91

Sommergerichte mit Fisch und Meeresfrüchten
125

Vegetarische Sommergerichte
139

Sommerdesserts
173

Rezeptregister
189

Gemüse von A bis Z
190

SOMMER! ENDLICH, SOMMER!

Leben in GROSSBUCHSTABEN. Mutter Natur macht uns alljährlich dieses Geschenk. Die ersten Sommersprossen auf winterblasser Haut, Hängemattendasein, barfuß im Gras laufen, Fahrradtouren und Picknick am Wochenende, Kirschkerne spucken, Beeren pflücken, Sprung ins kühle Nass am See, zarter Wind, der in dichten, grünen Blättern fingert, Schattenspiele in trägen Mittagsstunden, unterm Sternenhimmel feiern. An düsteren Nachmittagen mit hochgeschlagenem Kragen und kaltem Halswehregen ersehnen wir ihn besonders: den Sommer – die beste Zeit des Jahres, auch um den Körper mit neuer Heilkraft der Natur zu stärken.

Sommer! Die Zeit, um die von langen, grauen Wintertagen erschöpften Vitamin-D-Reserven effektiv aufzutanken und die leeren Mikronährstoffspeicher mit Vitalstoffbomben aus saftigen Früchten, sonnengereiftem Gemüse und frischen Kräutern zu füllen. Die langen Tage und die milden Temperaturen verlocken zu mehr Bewegung und Aktivität im Freien. Körper und Geist werden endlich gelüftet. Die Laune steigt. Der Sommer lässt uns lebendiger und die Seele fusselfrei werden.

Dabei macht uns die warme Jahreszeit gesundes Leben auf der einen Seite so einfach wie keine andere Jahreszeit. Auf der anderen Seite flucht man schnell laut, wenn die Hitze unerträglich wird. Wer jetzt besser und bewusst für sich sorgt, der schafft sich ein immenses Stück Gesundheit. Jahr für Jahr. Denn der Sommer liefert uns saisonal die beste Auswahl an Lebensmitteln. Er sprengt die Tür nach draußen auf, öffnet uns den Weg in die Natur, die größte Freilichtbühne. Statt sitzender, gähnender Langeweile buntes

Kontrastprogramm. Sommertage, Urlaubszeit, das sind die besten Gelegenheiten, neue Rituale zu entdecken: gesundes Essen mit Genuss, mehr Bewegung, spannende Erlebnisse in der Natur. Die Fantasie kennt keine Grenzen.

Jeder Mensch is(s)t anders. Das betone ich wieder und wieder. Jeder von uns hat seine ureigene Gesundheit, persönliche Vorlieben und Verträglichkeiten. So tolerieren wir Menschen die heißen Tage auf individuelle, unterschiedliche Weise. Bei Sommerhitze cool zu bleiben, fällt manchem besonders schwer. Das liegt zum einen an unserer Konstitution, am Stoffwechsel und am persönlichen Umfeld, beruflich wie privat. Nicht jeder arbeitet im gekühlten, schattigen Büro, nicht jeder hat einen Balkon oder eine kleine schattige Oase im Garten. Aber auch die Auswahl und die Zubereitung unserer Speisen sind vernachlässigte Faktoren, ungeborgene Wissensschätze, die Ihnen helfen, besser durch die heiße Periode zu kommen. Damit meine ich das jahrtausendealte Wissen um die Temperaturwirkung der Lebensmittel, das längst nicht verbreitet ist. Es gibt Nahrung, die uns an heißen Tagen stresst, aufheizt und schlechter schlafen lässt – oder aber Nahrung, die uns eher kühlt und entspannt. Spannendes Szenario! Mit diesem Hintergrund im Kopf werden Sie nicht nur Ihren nächsten Sommer auf gesündere, entspanntere Weise erleben.

Sonne. Lange Tage. Bonjour, Leben! Jedes Erlebnis hat seine Magie. Jeder von uns hat eigene Erinnerungen an diese besondere Jahreszeit. Für mich steht der Sommer auch für kostbare Kindheitstage. Strahlend blauer Himmel, alte Kirsch- und Walnussbäume im Garten, eine kleine Handvoll Früchte, selbst gepflückt. Mehr braucht es nicht für eine große Prise Glück. Diese wertvollen Momente haben meinen Geschmack und meine Freude an kleinen Dingen und am Genuss geprägt, der Sommer steht für wertvolle Momente, von denen man im Leben zehrt. Nichts denken, nichts tun – einfach nur sein. Auch das sind mögliche gute Erfahrungen eines Sommertags. Mit dieser Freude am Sommer und an coolen, gesunden Tagen sowie am Wissen rund um einfache, wunderbare Gerichte für diese verheißungsvolle Zeit möchte ich Sie an dieser Stelle anstecken. Ich möchte Sie anstecken, Ihr Leben – vor allem im Sommer – bewusster zu genießen. Das ist die Zeit, Ihr Leben, das Besseressen, die Bewegung, die Hobbys und die Treffen mit Familie und Freunden aktiv in die Hand zu nehmen. Raus aus der Selbstzensur des Winters! Rein in Freude, Genuss und Aktion! Mit diesem Buch, mit meinen besten Tipps für einen gesunden Sommer und den für Sie liebevoll entwickelten Rezepten nach dem neuesten Stand der Ernährungswissenschaft lade ich Sie von Herzen ein, die Facetten des Sommers mit allen Sinnen zu erleben. Er ist immer viel zu kurz. Zeit, ihn ab jetzt mit neuen Augen wahrzunehmen. Im Film sagt man: „And ... Action!“ Ihre Zeit läuft! Nutzen Sie sie!

Dr. med. Anne Fleck

Fachärztin für Innere Medizin, Rheumatologie, Ernährungsmedizin und Präventivmedizin

ERNÄHRUNG –
neuester Stand der Forschung

Was ist gesunde Ernährung? Gibt es die einzigartige Formel, das Rezept, das für jeden passt? Mir geht es grundsätzlich um eine sorgsame, kritische und wissenschaftliche Betrachtung des Themas.

Wenn sich die Diskussion um Ernährung dreht, verzetteln wir uns gern in Ideologien und in der Frage, was auf den Teller kommt. Fatalerweise vergessen wir, dass das Wie, also zum Beispiel, wie man kaut, und das Wann nicht weniger bedeutsam sind. Der passende Zeitpunkt der Mahlzeiten hat nämlich bereits einen immensen Einfluss auf die Gesundheit. Man kann etwas prinzipiell Gesundes wie einen Rohkostsalat auch zur falschen Zeit kauen, zum Beispiel am späten Abend, sodass schwer verdauliche Salatblätter, geraspelte Möhren oder rohe Paprika dem wichtigsten Gesundheitszentrum im Körper, dem Darm, zur späten Stunde Höchstarbeit abverlangen. Das schwächt nicht nur die Immunfunktion des Darms, sondern beeinträchtigt auch die Schlafqualität.

WAS IST GESUND?

Gesund kann definitiv und mit pragmatischem Optimismus ausgedrückt nur die Ernährungs- und Lebensweise insgesamt sein, die auch Ihre persönlichen Vorlieben und Verträglichkeiten, Ihren persönlichen Lebensstandort, Ihren Tagesrhythmus und Ihre lieb gewonnenen Rituale berücksichtigt – eine Ernährung, die sich nicht freudlos oder verbissen jeden Genuss oder kleine Sünden versagt.

Um das Thema „Ernährung“ ranken sich jahrzehntelange Mythen und Irrtümer, die in unserem Denken eingeschweißt und dadurch im Handeln fixiert sind. Oft schwimmen wir gedanklich in Klebstoff und kommen nicht vom alten Denken los. Noch immer, wider jegliche Evidenz, wirkt das Fettarmdogma nach, geboren aus der niemals bewiesenen Hypothese des Physiologen und Ernährungswissenschaftlers Ancel Keys (1904–2004). „Fettarm ist gesund.“ „Iss mehr Kohlenhydrate!“ Diese Märchen werden sogar noch heute fälschlicherweise in Institutionen und Beratungen weitererzählt und in manchen Lehrküchen aufgetischt. Makabres Ergebnis: Unter diesen seit Jahrzehnten gängigen Empfehlungen, die mehr Kohlenhydrate und möglichst wenig Fett proklamieren, erleben wir die größte Übergewichtsepidemie der Menschheit. Allein der Irrtum, Fett mache fett, das fatale Senken des Fettanteils und das Steigern der Kohlenhydrate in der Ernährung sind für die desaströse Zunahme nicht nur von Übergewicht, sondern von zahlreichen Krankheiten wie Insulinresistenz, Diabetes mellitus, Herz-Kreislauf-Krankheiten, Herzinfarkt, Schlaganfall, Demenz und Unfruchtbarkeit mit ursächlich – allesamt Krankheiten, die nicht nur die offensichtlich Übergewichtigen „befallen“ können, sondern genauso die gefährdete Gruppe der vermeintlich gesunden Schlanken, der sogenannten dünnen Dicken, der TOFIs (thin outside, fat inside). Diese dramatisch unterschätzte und bisher von der Medizin nicht beachtete Gruppe, über die ich in meinem Buch „SCHLANK!“ ausführlich schreibe, ist nicht weniger gesundheitlich bedroht. Die Gefahr lauert in niedriggradigen Entzündungen im Körper. Das gefährliche innere Fett in Bauchhöhle und Organen ist Produktionsstätte der Entzündung und befeuert den gesundheitlichen Schaden. Hier kann eine Ernährung, die sich am neuesten Stand der Forschung orientiert, wirkungsvoll eingreifen – eben eine moderne Ernährung als vorbeugende und heilende Strategie zum Gesunderhalt.

Essen Sie sich gesund – mit Spaß am Genuss! Das ist mein Ziel für Sie.

ERNÄHRUNGSFORSCHUNG – NEUE FAKTEN AM HORIZONT

Die jüngsten Erkenntnisse gleichen einem herrlichen Sommergewitter mit klärenden großen, warmen Regentropfen, wenn man die ersten Ergebnisse der PURE-Studie betrachtet, die gerade wie ein Blitz in die Köpfe der Wissenschaftler eingeschlagen sind. Das Ergebnis dieser breit angelegten, methodologisch soliden und auch die Kritiker in die Schranken weisenden Studie stellt die bisherige Ernährungslehre komplett auf den Kopf: Je höher der Konsum von Kohlenhydraten, desto höher ist die Gesamtsterblichkeit.

Das heißt einfach übersetzt: Je mehr Brot, Müsli, Nudeln, Reis, Kartoffeln, Zuckerschnecken, Brezeln und Süßigkeiten man verzehrt – ohne sich dabei ausreichend zu bewegen –, desto ungesünder lebt man. Man verkürzt potenziell seine Lebenserwartung. Und diese Studie präsentiert auf einem goldenen Tablett noch ein weiteres Ergebnis: Je höher der Fettkonsum, desto niedriger ist die Gesamtsterblichkeit.

Seit Jahren sage ich meinen Patienten: „Gutes Fett macht schlank und schlau." Jetzt kann ich ergänzen: „... und verlängert potenziell das Leben." Aber es kommt noch besser. Auch die hohe Zufuhr von gesättigten Fettsäuren – Sie haben richtig gelesen: genau die Fettsäuren, die über Jahrzehnte geschmäht, verachtet und explizit verteufelt wurden – ist mit einer signifikant gesenkten Gesamtsterblichkeit verbunden, konkret mit einer gesenkten Herz-Kreislauf-Sterblichkeit, vor allem bei Hirninfarkt. Einen ungünstigen Effekt auf die Gesundheit gibt es aber, wenn diese gesättigten Fettsäuren durch Kohlenhydrate ersetzt werden. Also genau das, was als Basis der üblichen Ernährungslehre der vergangenen Jahrzehnte gilt.

Zurück zum Fett. Fette sind wichtig – und zwar alle Fette: die gesättigten, die einfach und die mehrfach ungesättigten Fette. Aber gibt es überhaupt schlechte Fette? Ja, die gibt es. Dabei handelt es sich um industrielle Transfette aus Fertigprodukten (Kekse, Backwaren, Chips, Pommes frites, Cracker und Billigmargarine), auf dem Etikett oft als „gehärtetes Fett" getarnt. Genauso potenziell gesundheitsschädlich sind auch die Fette, die in der eigenen Bratpfanne zu hoch erhitzt werden. Das gilt für Olivenöl genauso wie für Rapsöl und auch andere Ölsorten. Entscheidend ist der sogenannte Rauchpunkt, der bei jedem Öl anders ist. Generell ist er bei kalt gepressten Ölen niedriger als bei raffinierten (chemisch gewonnenen) Ölen.

Zum scharfen Anbraten empfehlen sich deshalb eher Fette wie Butterschmalz, Ghee (geklärte Butter), Sesamöl, Erdnussöl oder Kokosfett.

Kalt gepresste Öle wie das aus hochwertigen Oliven sollten am besten gar nicht, sonst nur kurz und nie hoch erhitzt werden, maximal auf 130 °C, was zum scharfen Anbraten nicht genügt. Lediglich Fisch lässt sich bei diesen Temperaturen leicht anbraten.

Für den gesundheitlichen Nutzen von Fetten ist das Verhältnis der Fettsäuren zueinander entscheidend. Es bedarf der optimalen Balance vor allem an mehrfach ungesättigten Fettsäuren aus entzündungshemmenden Omega-3-Fettsäuren und den als Gegenspieler im Körper agierenden Omega-6-Fettsäuren. Die „moderne" Ernährungsweise hat leider einen Überschuss an Omega-6-Fettsäuren. Bestes Gegenmittel: mehr Omega-3-Fettsäuren aus fettem Fisch, besonders Wildlachs und Hering, sowie omega-3-reichen Pflanzenölen wie Leinöl, Walnuss- oder Hanföl, die nach dem Etikett nicht nur als „bio" und „kalt gepresst", sondern auch als „omegageschützt hergestellt" ausgewiesen sein sollten. Das garantiert dem Käufer, dass Oxidationen während der Herstellung, die die Qualität des Öls massiv schmälern, vermieden werden. Diese Öle haben allerdings auch ihren Preis.

Pflanzenöle stehen derzeit hoch im Kurs, jedoch kann man sich nicht nur auf Pflanzenöle allein verlassen, wenn man eine bestmögliche Versorgung mit Omega-3-Fettsäuren erreichen will. Das sei an dieser Stelle ausdrücklich betont. Daten belegen eindrucksvoll, dass vor allem langkettige Omega-3-Fettsäuren – besonders DHA (Docohexaensäure) und EPA (Eicosapentaensäure) – die wesentlichsten Nährstoffe in der Prävention und Therapie von chronisch degenerativen Krankheiten sind. Aktuell herrscht hierzulande noch weit verbreitet leider der Irrglaube, dass man allein mit Pflanzenölen wie Leinöl oder Rapsöl eine hinreichende Versorgung mit diesen wichtigen Fettsäuren erreichen könne. Leider! Wegen dieses Irrtums ist die Versorgung der breiten Bevölkerung mit diesen besonders wichtigen Fettsäuren miserabel. Pflanzliche Omega-3-Fettsäuren kommen zwar in Leinöl oder Nüssen als Ausgangssubstanz für die körpereigene DHA- und EPA-Produktion durchaus nennenswert vor, die Ausbeute an langkettigen Fettsäuren bleibt aber unzureichend. Gerade bei den Omega-3-Fettsäuren kommt es nämlich nicht mehr allein darauf an, wie viel man zuführt. Der entscheidende Punkt ist vielmehr der, wie viel davon im Körper überhaupt effektiv aufgenommen wird, wie viele der wertvollen Fettsäuren tatsächlich in die Zellwände eingebaut und vom Organismus physiologisch verwertet werden. Das ist individuell verschieden und man muss sich die kritische Anmerkung erlauben, dass viele Studien diesen Punkt in der Vergangenheit überhaupt nicht bedacht haben. Nur weil etwas drin ist, heißt es noch nicht, dass es ausreichend aufgenommen wird. Es wurde nicht nach den eigentlichen Gewebespiegeln im Körper, sondern allein nach der zugeführten Dosis analysiert. Trauriger Fakt. Und nun? Pflanzenöle wie hochwertiges, also geschützt produziertes Leinöl sind und bleiben eine exzellente Quelle für Omega-3-Fettsäuren, aber für eine ausreichende Versorgung mit langkettigen Fettsäuren allein sind sie unzureichend. Das ist der Grund, warum der regelmäßige Verzehr von Fisch aus nachhaltigem Fang ernährungswissenschaftlich empfohlen wird.

Die Konsequenz nach neuester Wissenschaft muss deshalb lauten: Wenn Sie keinen Fisch verzehren, empfiehlt sich die regelmäßige Zufuhr von Pflanzenölen mit Zusätzen von DHA aus Algen (Schizochytrium-Algen) oder die konsequente und regelmäßige Nahrungsergänzung mit qualitativ ausgesuchten Fischölpräparaten. Das gilt ausdrücklich für Vegetarier und Veganer, da sonst mit langfristigen Mangelversorgungen zu rechnen ist.

Zurück zur PURE-Studie. Weitere Analysen zeigen eindrucksvoll, dass sich vor allem der Verzehr von Gemüse, Salat, Früchten und Hülsenfrüchten positiv auf die Gesundheit auswirkt, was für Sie sicherlich keine Überraschung ist. Wichtig ist auch, dass die Autoren der Studie mehr als deutlich darauf hinweisen, dass es unsinnig ist, allgemeine Ernährungsempfehlungen für Nahrungsmittel nur am Einfluss auf das Cholesterin, genauer auf das LDL-Cholesterin („schlechtes Cholesterin"), auszurichten, so wie es noch immer oft genug gemacht wird. Denken Sie nur mal zurück, wie viele Jahre das Ei wegen des Cholesteringehalts komplett verbannt wurde. Das ist passé!

Immer wieder wird hitzig diskutiert, welches Eiweiß nun das bessere für den menschlichen Körper ist – tierisches oder pflanzliches? Gibt es denn eigentlich Unterschiede zwischen beiden? Und ist diese Einteilung überhaupt sinnvoll? Tierische und pflanzliche Proteine unterscheiden sich nämlich nicht grundsätzlich. Sie bestehen aus den gleichen Puzzleteilen, den Aminosäuren.

ZEIT, DIE LUPE AUSZUPACKEN UND DEN BLICK ZU SCHÄRFEN

In der modernen Ernährungswissenschaft beurteilt man Eiweiße nach dem sogenannten Digestible Indispensable Amino Acid Score (DIAAS). Dieser Score bezieht sich auf die Verdaulichkeit der Aminosäuren, also der vielen kleinen Bausteine von Eiweiß im Dünndarm. Damit stellt dieser Score die genaueste Bewertungsmöglichkeit der Verdaulichkeit von Eiweiß im Körper dar. Er bewertet die Fähigkeit eines Proteins, die wirklichen Bedürfnisse des menschlichen Stoffwechsels erfolgreich abzudecken.

Nach diesem wissenschaftlichen Score sind tierische Eiweiße vom Körper effektiver aufnehmbar – ein Stück Fleisch wird im Gegensatz zum Linseneintopf leichter verwertet. Fakt!

Proteine von Tieren, Menschen und Pflanzen unterscheiden sich also nicht prinzipiell, sondern bestehen aus denselben Bausteinen, den Aminosäuren. In der anteiligen Aminosäurenzusammensetzung ist tierisches Protein dem menschlichen aber deutlich näher und gilt deshalb aus Sicht der pragmatischen Ernährungswissenschaftler als prinzipiell vollwertiger. Und nun? Das ist kein Aufruf zum Obelixwerden, im Gegenteil, aber wie immer ein Aufruf zum kritischen Hinschauen ohne ideologischen Zeigefinger.

Unterschiede zwischen tierischem und pflanzlichem Eiweiß finden sich aber in den Begleitstoffen aus der Lebensmittelmatrix. Pflanzliche Proteinquellen wie Bohnen, Erbsen, Linsen und Gemüse enthalten nebenbei sehr zahlreiche hochattraktive und wertvolle Nährstoffe, die der Körper zum Gesunderhalt braucht. Sie sind ein Füllhorn an Mineralstoffen wie Magnesium und Kalium oder sekundären Pflanzenstoffen wie herzschützende Polyphenole oder darmschützende Faserstoffe und Ballaststoffe. Pflanzenkost liefert uns enorm gesunde Begleitstoffe, die in tierischen Proteinquellen (Fleisch, Geflügel oder Fisch) gar nicht oder weniger enthalten sind. Tierische Proteinquellen enthalten allerdings auch interessante Begleitstoffe wie Vitamin B_{12} oder die essenziellen, also vom Körper nicht selbst herstellbaren, Aminosäuren Tryptophan und Lysin, die in alleiniger Pflanzenkost nicht zwangsläufig oder eventuell nicht ausreichend enthalten sind.

Clever und gesund essen bedeutet: Essen Sie vielfältig, abwechslungsreich und deutlich pflanzenbetont! Also

reichlich Gemüse, in Maßen Rohkost aus Salat und Obst als gesunde Sättigungsgrundlage und um an die interessanten Inhaltsstoffe zu kommen, die in tierischen Produkten nicht enthalten sind, und ergänzen Sie das mit einem möglichst hochwertigen Protein Ihrer persönlichen Vorlieben, vorzugsweise fetter Fisch aus nachhaltigem Fang. Seien Sie sich aber bewusst: Je niedriger die Proteinqualität im Vergleich zum menschlichen Eiweiß ist, desto mehr muss man davon essen, um den Bedarf zu decken. Denn je niedriger die Proteinqualität ist, desto mehr Kalorien muss man essen. Das gilt es vor dem Hintergrund der Diskussion zu würdigen. Ein aprikosengroßes Stück Geflügel liefert so viel Eiweiß wie etwa zwei Köpfe Salat.

Studien zeigen, dass es zwischen dem Verzehr von rotem Fleisch, verarbeiteten Fleischwaren und chronischen Erkrankungen wie Krebs einen Zusammenhang gibt. Überprüft man diese Daten genau, kann man feststellen, dass der Verzehr von rotem Fleisch und verarbeiteten Fleischwaren ein Marker für eine grundsätzlich schlechte Qualität der Ernährung ist. Das heißt, wer viel Wurst futtert, greift auch gern zu stark verarbeiteten Lebensmitteln und Fertigprodukten. Er hat deshalb vielleicht einen grundsätzlich ungesünderen Lebensstil mit wenig Bewegung und Gesundheitsbewusstsein.

Ein kompletter Verzicht in Bezug auf Fleisch und Fisch hat nicht zwingende Vorteile für die Gesundheit, zum Beispiel für das Herz-Kreislauf-System. Die Forschung zeigt, dass selbst in Bevölkerungsgruppen mit rein vegetarischer Ernährung kardiale Ereignisse wie Herzinfarkte weit verbreitet sind. Außerdem gibt es keinen bisher wirklich überzeugenden Beweis, dass der Verzehr von Fleisch und Eiern sowie ein moderater Konsum von Milchprodukten kritisch für die Herzgesundheit sind. In validen Studien geht der Verzehr von beispielsweise Geflügel sogar mit einer signifikanten Minderung von gesundheitlichen Risiken für das Herz-Kreislauf-System und Stoffwechselerkrankungen einher.

Das Problem der Ernährungswissenschaft: Epidemiologische Studien können keine Kausalitäten beweisen. Das bedeutet, dass man niemals eindeutig beweisen kann, dass derjenige, der viel Brokkoli ist, die und die Vorteile hat, weil dieses und jenes im Körper passiert. Oft zitierte Studien liefern uns also nur Korrelationen, aber keine klaren Zusammenhänge und – ein weiterer Nachteil dieser gern zitierten Studien – sie sind extrem anfällig durch die Einflüsse der Lebensstilfaktoren.

Der Lebensstil der in den Industrienationen lebenden Vegetarier zum Beispiel unterscheidet sich deutlich von dem der allgemeinen Durchschnittsbevölkerung. Häufig sind die vegetarisch lebenden Menschen deutlich gesundheitsbewusster und informierter, sie sind körperlich aktiver, sie rauchen weniger und trinken weniger Alkohol als die Nichtvegetarier. Alle diese Faktoren des Lebensstils beeinflussen das grundsätzliche Risiko zu erkranken – und diese Faktoren sind komplett unabhängig von der gesunden Ernährung.

Deshalb schneidet eine rein pflanzenbetonte Ernährungsweise in Studiendaten oft besonders gut ab. Das ist jedoch nicht nur allein der Ernährung zu verdanken, sondern auch der Begleitmusik, also der aktiven und bewussten Lebensführung. Das strikte Meiden von Fleisch und Fisch scheint also nach Stand der aktuellen Forschung mit Blick auf die Gesundheit im Allgemeinen bislang keine signifikanten Vorteile zu bieten.

Nach aktuellem Stand ist eine pflanzenbetonte Ernährung mit reichlich Gemüse, Salaten, maßvoll Obst und moderaten Mengen an Fisch und Geflügel, wenig Fleisch, Milchprodukten und Eiern eine empfehlenswerte Ernährungsform, die auf die individuelle Verträglichkeit und nach Belieben abgestimmt werden sollte. Auf diese simple Art und Weise lassen sich alle Vorteile der pflanzlichen Kost ausschöpfen und potenzielle Risiken, die eine zu fleischbetonte Ernährung durch schlechtere Nährstoffversorgung mit sich bringt, vermeiden.

Um die Frage „Was ist gesunde Ernährung?" zu beantworten: Die mit weitem Abstand und bester Evidenz als gesund geltende Ernährungsweise ist die sogenannte mediterrane Kost. Sie ist auch nach neuestem Stand der Forschung eindrucksvoll und uneinholbar auf Platz eins, quasi der Olympiasieger unter den Ernährungsformen.

FAZIT: Ersetzen Sie kohlenhydratdichte und raffinierte, nährstoffleere Nahrungsmittel durch die Vielfalt, die überwiegend in der klassischen mediterranen Ernährung vorkommt:

- Wasser- und ballaststoffreiche, sattmachende und antioxidativ wirkende Nahrungsmittel wie Gemüse, Salate, Pilze, Beeren und Obst
- Proteinreiche Nahrungsmittel pflanzlicher Herkunft, zum Beispiel Nüsse, Mandeln, Samen, Avocados, Oliven und Hülsenfrüchte
- Hochwertige Fette und Öle, Gewürze und frische Kräuter
- In moderaten Maßen fette Meeresfische aus nachhaltigem Fang, Geflügel, Fleisch und Eier, Milch und Milchprodukte in Bioqualität nach Verträglichkeit

Die Rezepte in diesem Buch wurden nach diesem Stand gemeinsam mit der Sterneköchin Su Vössing für Sie mit viel Liebe zum Detail und zum Geschmack entwickelt. Denn bei allen Fakten und spannenden Details zur neuesten Forschung darf eines niemals verloren gehen: der Genuss und die Freude am Essen.

GESUND DURCH DIE HEISSEN TAGE

Sommer ist nicht gleich Sommer! In Skandinavien, zum Beispiel im malerischen Skagen, der nördlichsten Stadt Dänemarks, brütet man bei mäßig warmen Temperaturen deutlich weniger als in Murcia im Südosten Spaniens, einem der wärmsten Gebiete Europas, in dem der heiße, trockene Wind aus Afrika zirkelt.

Wo auch immer Sie weilen: Jeder von uns toleriert das Klima auf seine eigene Weise. Temperaturen über 30 °C können den gesamten Organismus, insbesondere den Kreislauf, enorm strapazieren. Menschen, die im Freien arbeiten – Dachdecker, Bauarbeiter, Gärtner –, haben im Sommer keinen leichten Job. Oft wird unser Appetit an solchen Tagen gedrosselt, man braucht weniger Nahrung. Aber es stellt sich die Frage: Was esse ich bei so einem Wetter am besten? Wie sieht eine passende gesunde Ernährung im Sommer aus? Und was ist überhaupt an heißen Tagen gesund?

FLÜSSIGKEIT TANKEN

Trinken Sie reichlich und regelmäßig über den Tag verteilt kalorienarme oder -freie Durstlöscher. Eine adäquate Flüssigkeitszufuhr ist im Sommer entscheidend. Über Nacht verlieren wir etwa 500 ml Flüssigkeit durch das Abatmen von Wasser über die Lunge. Wir wachen morgens mit einem Wasserdefizit von 500 ml auf. Wer, ohne sich gut mit Flüssigkeit zu versorgen, aus dem Haus hetzt, schadet sich selbst. Vor allem an heißen Tagen wächst sich chronischer Flüssigkeitsmangel zu einem Dilemma aus. Die Folge sind Konzentrationsstörungen, Müdigkeit, eingeschränkte Belastbarkeit, Kopfschmerzen und Kreislaufbeschwerden, Schwindel und Malaise. Das muss nicht sein. Mein Rat: Gewöhnen Sie sich am besten gleich morgen an das Morgenritual „Trinken" und nehmen Sie zügig zwei große Gläser – etwa 400–500 ml – zimmerwarmes Wasser auf nüchternen Magen zu sich. Zack. So wird das Wasserdefizit sofort korrigiert und nebenbei die Verdauung angekurbelt. Denn der Magen wird durch das Wasser geweckt und gibt über den gastrokolischen Reflex dem Dickdarm das Signal: „Guten Morgen! Hier oben geht's los, schaff mal Platz, mein Freund!" Aus meiner Praxiserfahrung können Sie mit diesem winzigen Ritual lästige Verstopfungsprobleme bessern.

Trinken Sie im Sommer mindestens 30–40 ml pro Kilogramm Körpergewicht, individuell bei körperlichen und sportlichen Aktivitäten sogar mehr. Lernen Sie Wasser als kostengünstiges kalorienfreies Getränk oder ungesüßte Tees als Sättigungsfaktor schätzen. Flüssigkeit muss nicht fade schmecken. Selbst gemachte Saftschorlen mit geringem Saftanteil (Verhältnis von Saft zu Wasser 1:5 bis 1:6) und ohne Zuckerzusätze sind eine Alternative. Auch Kräuteraufgüsse mit Minze, Zitronenmelisse, Zitronen- und Limettensaft oder selbst gemachte Eiswürfel mit Himbeeren oder frischen Kräutern sind nicht nur Geschmacksbringer, sondern auch Hingucker. Denn das Auge trinkt mit. Damit tanken Sie gesund Flüssigkeit.

Alkohol wie Bier und Wein begünstigt eher die Flüssigkeitsausscheidung. Kaffee ist zwar als Flüssigkeitsräuber freigesprochen, hat aber einen potenziell stark kreislaufanregenden Effekt. Wer unter Bluthochdruck leidet, sollte Kaffee gerade im Sommer maßvoll genießen. Für Menschen mit schwachem Blutdruck ist der kreislaufwirksame Effekt des Kaffees günstiger. Bis zu drei normal große Tassen am Tag, am besten schwarz und ohne Zucker, sind gesundheitlich wertvoll. Kaffee vermindert das Risiko für Schlaganfall, Fettleber und Leberkrebs. Größere Mengen fördern jedoch die Insulinresistenz.

Mein Tipp: Trinken Sie Getränke nicht extrem kalt. Ein empfindlicher Magen kann durch eiskalte Flüssigkeiten gereizt werden. Auch kann extreme Kälte aus Getränken oder Speisen im Sommer den sogenannten Kältekopfschmerz provozieren.

SO EINFACH GEHT GESUND GENIESSEN

Schweinshaxe, deftiger Braten mit Klößen und Sauce: Das sind echte Schwergewichte. Bei sommerlichen Temperaturen strapaziert solch schwere Kost den Organismus zusätzlich. Deftige Speisen, Sauerkraut, Currywurst mit Pommes, Gulasch und Spätzle, fett- und kohlenhydratreiche Kombinationen belasten tendenziell bei hohen Temperaturen. Bürden Sie Ihrem Körper im Sommer nicht diese Last von schwer verdaulichen Gelagen auf, vor allem wenn Sie viel im Freien und körperlich stark aktiv sind. Setzen Sie stattdessen auf leicht verdaulichen Genuss mit Nahrungsmitteln, die wasserreich sind und den Körper nicht zusätzlich aufheizen. Eine exzellente Orientierung in der Frage „Was esse ich?" schaffen die mediterrane Küche und die ausgeklügelten Rezepte dieses Buches. Die Sommervielfalt von Gemüse und Obst bietet Vitamine und Mineralstoffe, die den erhöhten Bedarf ausbalancieren. Gleichzeitig steuern sie reichlich Faser- und Ballaststoffe für ein gesundes, schlank machendes und immunstarkes Darmmilieu bei.

Im Sommer gilt zusätzlich: Halten Sie sich bevorzugt an Speisen, die im Körper kühlend wirken und den Organismus nicht zusätzlich thermisch aufladen (siehe Seite 20).

Als Orientierung für eine gesunde Lebensmittelauswahl gelten folgende Kriterien:

1. Möglichst oft frisch geerntete, sonnengereifte Zutaten verwenden
2. Zusatzstoffe (Emulgatoren, Verdickungsmittel, Säuerungsmittel, Konservierungsstoffe etc.) konsequent vermeiden
3. Auf Vielfalt setzen; rote, grüne, gelbe etc. Obst- und Gemüsesorten einsetzen
4. Regionale und saisonale Produkte bevorzugen, ggf. mit Tiefkühlkost ohne Zusätze ergänzen
5. Reichlich Gemüse, Salate, Zwiebeln, Kräuter, Beeren, Pilze, Nüsse, Mandeln, Avocados, Oliven, fette Meeresfische aus nachhaltiger Produktion, omegageschützt hergestelltes Leinöl, Weizenkeim- oder Walnussöl und Olivenöl extra vergine verwenden
6. Zum hohen Erhitzen und Braten z. B. Butterschmalz, Ghee (geklärte Butter), Erdnussöl, Kokosfett einsetzen
7. Eiweißzufuhr erhöhen und Eiweiß als Sattmacher einsetzen (z. B. Pilze, Hülsenfrüchte, Blattgemüse, Mandeln, Nüsse, Samen, Fisch, in Maßen Eier, Milch und Milchprodukte und Fleisch aus nachhaltiger Produktion, alternativ Produkte aus Soja)
8. Kohlenhydratzufuhr senken und an die Bewegung anpassen: viel Bewegung, mehr Kohlenhydrate; wenig Bewegung, wenig Kohlenhydrate; also insgesamt Kartoffeln, Reis, Brot, Nudeln, Pommes, Eis, Zucker deutlich reduzieren

Insbesondere scharfe Gewürze wie Chili, Pfeffer und Ingwer wirken wärmend auf den Organismus und sollten deshalb an extrem heißen Tagen eher zurückhaltend verzehrt werden. Testen Sie, wie viel Schärfe Sie persönlich mögen und wie Ihr Körper im Sommer darauf reagiert. Eine Frostbeule mit Neigung zu kalten Füßen wird im Sommer scharfe Speisen besser tolerieren als ein Mensch, dem fast immer zu warm ist.

Zum Beispiel ein leichter Salat mit Gurken, Tomaten und einer Eiweißbeilage aus Fisch, Geflügel oder Käse oder eine kalte Suppe in der Mittagshitze wirken von der Lebensmittelauswahl und Zubereitung kühlend auf den Körper. Solch ein Mittagessen ist keine große Belastung für Verdauungstrakt und Kreislauf. Abends leichte, gegarte Gemüsegerichte, wenig Kohlenhydrate und etwas Eiweiß sind nicht belastend und wirken sich positiv auf den Schlaf aus. Im Sommer besser zu schlafen und fitter durch den Tag zu kommen, hat auch etwas mit dem Zeitpunkt der Nahrungs- und Flüssigkeitsaufnahme zu tun, also mit den Antworten auf „Wann und wie viel esse ich?“ und „Wann und was trinke ich?“.

Halten Sie sich möglichst an drei Mahlzeiten pro Tag. Essen Sie nur, wenn Sie echten Hunger, den Magenhunger, verspüren, und halten Sie sich gerade im Sommer an die Weisheit der Menschen der viel beschriebenen blauen Zonen der Welt, Orte der Erde, an denen Menschen enorm alt werden. Die vielen Hundertjährigen auf der japanischen Insel Okinawa halten sich an ihre Gesundheitsformel „Hara Hashi Bu“, das heißt, sie essen nur so viel, bis sie zu 80 Prozent gesättigt sind. Diese einfache Regel hilft Ihnen auch dabei, versteckten Durst zu erkennen. Denn nicht selten werden Hungergefühle mit Durst verwechselt.

Versuchen Sie, möglichst drei Stunden vor dem Schlafengehen keine schweren Speisen zu verzehren. Trinken Sie tagsüber ausreichend ungesüßte, kalorienfreie Getränke. Zu viel Flüssigkeit am Abend verstärkt den nächtlichen Harndrang und provoziert dadurch Durchschlafstörungen.

Drosseln Sie die Trinkmenge deshalb vor allem kurz vor dem Zubettgehen und reduzieren Sie ebenso den Wein- oder Biergenuss am Abend. Alkohol fördert zwar das Einschlafen, aber im Gegenzug auch Durchschlafstörungen in der zweiten Nachthälfte. Wenn Sie sensibel auf Koffein ansprechen, verzichten Sie ab dem frühen Nachmittag auf koffeinhaltige Getränke wie Kaffee, Grün- oder Schwarztee. Besser geeignet ist eine kleine Menge alkoholfreies Bier. Der darin enthaltene Hopfen fördert das Einschlafen ohne Nebenwirkungen. Zudem liefert gut gebrautes Bier wertvolle Mineralien, Flavonoide und weitere sekundäre Pflanzenstoffe, die die Mineralstoffbilanz und das Immunsystem stärken.

Rohkost wie Salat und Obst wird in allen Jahreszeiten optimalerweise nicht am Abend verzehrt. Abends lobt sich der Verdauungstrakt eher gegartes Gemüse und weniger schwer verdauliche Rohkostschnipsel. Diese Gewohnheit erleichtert besonders im Sommer den qualitativ erholsamen Schlaf. Manchen bringt ein Berg Rohkost am Abend um die Nachtruhe, die im Sommer ohnehin durch die hohen Temperaturen angekratzt ist.

ERHOLSAM SCHLAFEN TROTZ SOMMERHITZE

Vielen Menschen rauben hohe Außentemperaturen den Schlaf. Vor allem das Einschlafen ist problematisch. Laut einer Studie der Techniker Krankenkasse schläft jeder Dritte im Hochsommer schlechter. Frauen sind stärker betroffen als Männer, jüngere Menschen leiden mehr als ältere. Die warme Jahreszeit bringt uns im Schlepptau der schönsten Tage leider die oft miesesten Nächte. Wir wälzen uns unruhig zwischen verschwitzten Laken, hören gequält das hochfrequente Sirren blutrünstiger Mücken und fühlen uns wie ein Stück Klebstoff.

Doch nicht nur die Hitze des Tages stört die Schlafqualität. Auch das helle Tageslicht hält uns länger wach und weckt uns deutlich früher auf als in den dunklen Wintermonaten. Die Folge: Die innere Uhr geht nach. Der Tagesrhythmus rückt nach hinten, wir gehen später zu Bett. Vor allem Menschen mit Einschlafproblemen empfinden kurze Sommernächte als anstrengend. Mein Rat: Wer unter sommerlichen Schlafstörungen leidet, sollte vor allem eines: Cool bleiben! Dass sich die meisten Menschen trotz verkürzter Schlafdauer ausgeschlafen und fit fühlen, sollte Ihnen Gelassenheit schenken. Egal, wie wenig Stunden Schlaf Sie bekommen, wenn Sie sich tagsüber wach fühlen, waren Schlafdauer und -qualität gut.

Die positive Wirkung der Sommermonate auf Lebensqualität und Laune bestätigt sich in Studien: Je kürzer die Zeit ist, die man im Bett verbringt, umso tiefer der Schlaf. Offenbar kann der positive Einfluss des Sommers auf die Stimmung das Manko an Schlaf ausbalancieren. Und trotzdem: Unserem Schlaf gehört mehr Aufmerksamkeit gewidmet – gerade im Sommer! Denn der Schlaf ist die bedeutendste Phase des Körpers für Stoffwechselprozesse und Regeneration. Es gilt, ihn in der sensiblen Phase des Sommers wie einen Schatz zu behüten.

Meine Tipps für erholsamen Schlaf im Sommer

Auf die innere Uhr hören

Die innere Uhr jedes Einzelnen orientiert sich immer am Tageslicht. Der frühmorgendliche Sonnenaufgang im Sommer lässt uns eher wach werden. Viele Menschen zwingen sich dann im Sommer zum Weiterschlafen. Mein Tipp: Leben Sie nach der inneren Uhr. Was spricht dagegen, dem natürlichen Gesetz der Chronobiologie zu folgen und den Tag früher zu starten? Das sollte Sie motivieren: Der frühe Kontakt mit dem Tageslicht wirkt sich positiv auf die Schlafhormonproduktion der Zirbeldrüse am Abend aus und fördert das leichte Ein- und das lange Durchschlafen.

Kühl, leise und dunkel

In unseren Breitengraden gelten circa 18–19 °C als ideale Temperatur zum Einschlafen. Die Körpertemperatur senkt sich nachts um ein halbes Grad ab. Diese körpereigene Klimaanlage hilft uns beim Einschlafen. Ist die Außentemperatur zu hoch, ist diese körpereigene Kühlung behindert. Der Körper reagiert mit Schweißbildung, um sich abzukühlen. Verschwitzte Laken sind keine befriedigende Lösung. Daher lautet die wichtigste Gegenmaßnahme: Halten Sie das Schlafzimmer tagsüber so kühl wie möglich! Schließen Sie die Fenster und dunkeln Sie das Zimmer bestmöglich ab. Lüften Sie das Schlafzimmer nach dem Aufstehen und vor dem Zubettgehen mindestens 15 Minuten mit weit geöffneten Fenstern durch.

Investieren Sie in abdunkelnde Rollos oder Jalousien. Das Abdunkeln ist nicht nur ein Schutz vor Hitze, sondern hilft, die Hallo-wach-Wirkung des Tageslichts abzuwehren, zumal durch die Lichteinwirkung das Schlafhormon Melatonin gehemmt wird.

Leicht und locker, nicht zu luftig

Wenn Sie kein Licht oder Lärm von außen stört, lassen Sie das Fenster im Schlafzimmer über Nacht vorsichtig geöffnet, vorausgesetzt, Sie empfinden es als angenehm. Die Kombination aus Schwitzen in der Nacht und kaltem Luftzug kann mit unangenehmen Überraschungen am Morgen aufwarten. Niemand ist begeistert, mit steifem Nacken oder einer Sommererkältung in den Tag zu starten. Klimaanlagen und Ventilatoren erhöhen das unterschätzte Risiko.

In unseren Traumphasen ist die Temperaturregulation des Körpers nicht optimal, der Körper kühlt deshalb trotz Sommerwärme leicht aus. Besonders Nacktschläfer riskieren eine Erkältung. Komplett auf Kleidung zu verzichten, ist auch aus hygienischen Gründen nicht die beste Variante, weil jeder Mensch nachts reichlich Wasser ausdünstet.

Setzen Sie daher bei Bettdecke und Nachthemd auf leichte, dünne, kühlende und saugfähige Materialien. Dicker Stoff blockiert den Luftaustausch und bunkert die Körperwärme.

Im Sommer ist atmungsaktiver Stoff besonders empfehlenswert. Natürliche Materialien sind für die meisten angenehmer als synthetische Stoffe. Baumwolle, Naturseide oder Leinen kühlen auf der Haut und saugen Schweiß auf, manche schätzen dünnes Polyestermaterial. Probieren Sie aus, was zu Ihnen passt, und experimentieren Sie! Ein Trick aus den südlichen Ländern:

Legen Sie Kissen und Laken bis zum Schlafengehen in die Tiefkühltruhe oder packen Sie einige Kühlakkus auf das Kopfkissen. „Den Kopf halt kühl, die Füß halt warm!" Das erleichtert das Einschlafen.

Spät geworden? No sports!

Für körperliche und anstrengende Aktivitäten eignet sich besonders der Morgen nach der regenerativen Nachtruhe. In den Sommermonaten empfiehlt es sich, Sport ab dem frühen Abend zu meiden, denn der Körper beginnt bereits in dieser Tagesphase langsam mit dem Absinken der Körperkerntemperatur. Zu starke körperliche Aktivitäten hemmen diese natürliche Klimaanlage und wirken ungünstig auf die Schlafqualität.

Duschen oder baden?

Nach einem heißen Sommertag verspürt man das Bedürfnis, sich mit einer kalten Dusche von Schweiß, Staub und Wärme zu befreien. Zwar klingt dieses Szenario sehr verlockend, die eiskalte Dusche ist aber nicht das probate Mittel, um bei Sommerhitze besser zu schlafen – das Gegenteil ist der Fall! Kalte Wassergüsse verengen die Blutgefäße der Haut. So kann der Körper die gespeicherte Wärme nur begrenzt loswerden und reagiert mit Schwitzen als Gegenwehr.

Duschen Sie deshalb vor dem Zubettgehen am besten nur kurz mit lauwarmem Wasser. Das öffnet die Poren, die gestaute Hitze kann entfliehen. Dieser Trick kurbelt wirkungsvoll die körpereigene Klimaanlage an. Alternativ eignet sich nach individueller Vorliebe ein kurzes, zehn- bis 15-minütiges Bad bis maximal 37 °C. Zusätze aus Kamille, Baldrian, Hopfen, Lavendel oder Melisse unterstützen durch ätherische Öle die beruhigende und entspannende Wirkung.

Schlaffördernde Rituale

Als gesundes Abendritual eignet sich ein warmer, nicht heißer Gute-Nacht-Tee, zum Beispiel aus Melisse, Baldrian, Hopfen oder Passionsblume. Mein besonderer Tipp: Benetzen Sie den gesamten Körper kurz vor dem Schlafengehen mit einem feuchten Tuch und halten es in Griffnähe am Bett. Bei Bedarf können Sie sich auf diese Weise eine sanfte Abkühlung gönnen.

SPEISEN, DIE KÜHLEN, SPEISEN, DIE WÄRMEN –

jahrtausendealtes Wissen nutzen

An heißen Sommertagen, wenn die Hitze uns fast schon quält, hilft der Denkansatz der Traditionellen Chinesischen Medizin: abkühlen durch Essen, mit Lebensmitteln, die von innen kühlen. Cool, oder? An dieser Stelle ein kleiner Exkurs: Die Lehre der Traditionellen Chinesischen Medizin (TCM) berücksichtigt den Menschen als Ganzes. Sie beschreibt das gesamte Sein des Menschen als ein dynamisches, fein abgestimmtes Zusammenspiel der Gegensätze Yin und Yang. Yin und Yang bezeichnen dabei zwei gegensätzliche Prinzipien, die sich aber gegenseitig bedingen, wobei der eine ohne den anderen Teil nicht existieren kann. Damit der Körper gesund bleibt, gilt es, zwischen Yin und Yang Harmonie zu pflegen. Auch die Nahrung, die der Mensch verzehrt, wird in der TCM gezielt eingesetzt, um das feine Gleichgewicht des Organismus stetig auszubalancieren.

Der Ernährungsansatz basiert auf dem jahrtausendealten Erfahrungsschatz der TCM und kann auf unsere westlichen Lebensmittel übertragen werden. Dabei werden die Nahrungsmittel nach Yin und Yang beziehungsweise nach ihren thermischen Eigenschaften im Körper eingeteilt: Yin steht für Kälte und Feuchtigkeit, Yang für Wärme und Trockenheit. Gewisse Nahrungsmittel können somit eine kühlende oder wärmende Wirkung auf den Körper haben, die meisten Lebensmittel wirken neutral. Gerade in Jahreszeiten mit extremen Temperaturen, Hitze oder Kälte, empfehle ich, dieses jahrtausendealte Wissen zu nutzen, um die individuelle Körperkonstitution entsprechend der Jahreszeit zu stärken.

An heißen Sommertagen sind besonders die kühlend wirkenden Nahrungsmittel ratsam, im Winter sollten vielmehr die wärmend wirkenden Speisen konsumiert werden. Diesen Tipp gebe ich besonders Menschen, die sehr zum Frieren und leichten Auskühlen neigen, aber auch Menschen, die stark schwitzen und unter Wärme leiden. Menge, Mischung und Zubereitung der Speisen sind ebenfalls für das thermische Verhalten der Nahrungsmittel bedeutend. Durch das Erhitzen beim Kochen, Braten und Grillen stärkt man die wärmende Wirkung. Das Kühlen der Nahrungsmittel, zum Beispiel im Kühlschrank, fördert den kühlenden Effekt im Körper. Im Winter wird die Immunabwehr bei vielen durch eiskalte Getränke am Morgen wie den gut gemeinten Orangensaft geschwächt. Die kalte Vitamin-C-Bombe bereitet so manchem eher Gänsehaut oder einen fröstelnden Start in den Tag. So ist man bei kälteempfindlicher Konstitution für den Erkältungserreger in der S-Bahn eine leichte Beute. Ähnlich ergeht es im Sommer dem hitzeempfindlichen Menschen, der sich mit wärmenden Nahrungsmitteln versorgt und sich dadurch aus der körperlichen Balance wirft. Es gilt wie immer: „Alles in gesundem Maß. Die Dosis macht das Gift." Viel hilft nicht immer viel. So sind etwa zu viele (eis)gekühlte Getränke wie mit Eiswürfeln gepeppte Schorlen auch im Sommer nicht empfehlenswert. Der Magen wird durch eine zu kalte Füllung potenziell gereizt, bei empfindlichen Menschen kann Kältekopfschmerz die Folge sein. Der Körper muss die innere Heizung anwerfen, um das kalte Etwas für die Verdauung optimal vorzubereiten. Gesünder ist es, auch im Sommer Getränke und Speisen nach persönlicher Verträglichkeit nicht zu kalt zu genießen. So muss der Organismus keine innere Hitze produzieren und der thermisch kühlende Effekt der Speisen kann optimal wirken. Wenn Sie sich dieses elementare Wissen zunutze machen und nach Ihrer individuellen Konstitution Lebensmittel sorgsamer wählen, stärken Sie nebenbei ganzjährig die Gesundheit. Nicht nur im Sommer! Die Rezepte in diesem Buch sind so entwickelt, dass besonders kühlend wirkende Nahrungsmittel berücksichtigt wurden.

Lebensmittel mit thermischer Wirkung

Neutral sind die übrigen Nahrungsmittel und Gewürze.

KÜHLENDE LEBENSMITTEL (YIN)

Yin ist das weibliche Element.
Es ist passiv und empfangend.

Algen	Hagebuttentee	Quark
Amaranth	Hasenfleisch	Rhabarber
Ananas	Heidelbeere	Rettich
Apfel	Helle Biersorten	Rohkostsalate
Aubergine	Hibiskustee	Rote Bete
Avocado	Himbeere	Rotkohl
Bambussprossen	Hühnereiweiß	Salbei
Banane	Joghurt	Salz
Birne	Kaninchenfleisch	Schweinefleisch
Blumenkohl	Kefir	Sellerie
Buchweizen	Kiwi	Sesamöl
Butter	Krabben	Sojasprossen
Champagner	Limette	Sojasauce
Chicorée	Melone (Honig- und Wassermelone)	Sonnenblumenöl
Chinakohl		Spargel
Dickmilch		Spinat
Erdbeere	Mungobohne	Sternfrucht
Estragon	Milcheis	Tofu
Frischkäse	Milchprodukte	Tomate
Frischmilch	Oktopus	Weizen
Grapefruit	Oliven(öl)	Weißwein
Grünkohl	Orange	Zitrusfrüchte
Grüner Salat	Pampelmuse	Zitrone
Grüner Tee	Pfefferminze (Tee)	Zucchini
Gurke	Pilze	

WÄRMENDE LEBENSMITTEL (YANG)

Yang ist das männliche Element.
Es ist aktiv und gebend.

Aal	Knoblauch	Schimmelkäse
Anis	Koriander	Schinken
Aprikose	Kümmel	Schnittlauch
Brandwein	Lachs	Schwarzer Tee
Chili	Lammfleisch	Sekt
Curry	Lauch	Senf
Eigelb	Meeresfrüchte (Garnelen, Langusten, Shrimps)	Spirituosen
Entenfleisch		Sternanis
Essig		Thymian
Fenchel	Muskat	Vanille
Forelle	Nelken	Walnuss
Glühwein	Oregano	Weintrauben
Granatapfel	Paprika	Wildfleisch
Hafer	Petersilie	Wildschwein
Haselnuss	Pfeffer	Yogitee
Hirsch	Pfirsich	Ziegenkäse
Hirse	Piment	Ziegenmilch
Honig	Pinienkerne	Zimt
Hühnerfleisch	Porree	Zwiebel
Ingwer (frisch)	Rind	
Kaffee	Rotwein	
Kakao	Sahne	
Kastanie	Sardellen	
Kardamom	Schaffleisch	
Kirsche	Schafmilch	

KRÄUTER –
dank vieler Sonnenstunden noch wirksamer

Kräuter und Gewürze sind ein wertvolles Kleinod der Küche. Gern bezeichne ich sie als die leider verstaubt im Vorratsschrank und in Vergessenheit geratenen „Juwelen der Naturheilkunde“, die in guter Qualität in keinem Haushalt ein Schattendasein fristen sollten. Kräuter und Gewürze geben Speisen nicht nur Pepp im Geschmack, sondern sind zudem bescheidene Alleskönner im Dienst der Gesundheit. Studien zeigen: Insbesondere die Mischung aus ätherischen Ölen, sekundären Pflanzenstoffen, Vitaminen und Mineralstoffen macht ihre große Bioverfügbarkeit im Körper aus. Viele verbessern die Verdauungsleistung, lindern Heißhunger, wirken antibakteriell, hemmen niedriggradige Entzündungen und beschleunigen sogar den Stoffwechsel. Also bitte mehr davon! Der Sommer mit der Großzügigkeit der spendablen Natur liefert uns ein besonders breites Portfolio an spannenden, kreativen Möglichkeiten. Lassen Sie sich inspirieren und experimentieren Sie! Bereits wenige und allbekannte Vertreter dieser gesunden Truppe, die man mittlerweile in jedem gut sortierten Supermarkt oder als Nebenbeigeschenke beim Spaziergang finden kann, reichen, um Ihre Geschmacksknospen und Ihre Gesundheit zu aktivieren. Lernen Sie auf den nächsten Seiten meine Favoriten des Sommers kennen!

BÄRLAUCH

Immer der Nase nach! Bärlauch beeindruckt mit seinem Reichtum an Vitamin C für Immunabwehr und Kollagenbildung, Eisen für Speicherung und Transport von Sauerstoff im Blut sowie reichlich Magnesium für Muskelarbeit und Nervensystem. Wertvolle Schwefelverbindungen wie Allicin wirken antientzündlich und antimikrobiell. Bis Mitte Mai finden Sie Bärlauch (lat.: Allium ursinum) mit etwas Glück bei einem Spaziergang im Wald. Das aromatische Knoblaucharoma ist Lockruf für die Nase des Kenners. Der „Waldknoblauch" mag es schattig und feucht, er gedeiht in Laubwäldern, in den Auwäldern eines Flusses oder in der Nähe eines Baches. Beim Sammeln ist Vorsicht geboten: Bärlauch ähnelt giftigen Pflanzen wie Maiglöckchen und Herbstzeitlose. Mein Tipp: Zerreiben Sie Blätter zwischen den Händen. Nehmen Sie nichts vom charakteristischen Knoblauchgeruch wahr, lassen Sie die Finger davon!

Tipp: Um Infektionen mit Parasitosen zu verhindern, waschen Sie die Blätter immer sorgfältig und ausreichend lange vor dem Verzehr ab.

MINZE

Minze kennt jeder. Die alten Römer entdeckten die Wildpflanze als Gewürz und Heilkraut und schätzten sie als Aphrodisiakum. Weltweit unterscheidet man circa 20 verschiedene Arten. Die Pfefferminze (lat.: Mentha piperita) ist besonders reich an dem ätherischen Öl Menthol und erinnert geschmacklich an Pfeffer (lat: piperita = gepfeffert). Der Gattungsname „Mentha" geht auf eine griechische Sage zurück: Die Nymphe Minthe wurde aus Eifersucht von Persephone, der Frau des Hades, Gott der Unterwelt, in eine Pflanze, die Minze, verzaubert. Der exotische, wunderbar aromatische Geschmack macht das Kraut im Sommer zum beliebten Kräuteraccessoire. Dank des hohen Gehalts an Menthol taugt Minze auch als Heilkraut oder Frischekick mit Spearmint-Charisma. Insbesondere kulinarisch weiß Minze zu überraschen und sie wirkt kühlend auf den Organismus.

Minze gilt als heilsamer Allrounder. Die reichlich enthaltenen Bitter- und Gerbstoffe sowie die ätherischen Öle wirken antibakteriell, beruhigend und krampflösend im Magen-Darm-Trakt. Die therapeutische Wirkung auf die Darmflora ist positiv bei Reizdarmsyndrom. Zudem wirkt Minze schmerzlindernd bei Kopfschmerzen. Das gilt für die innere und äußere Anwendung (Pfefferminzöl).

Tipp: Verbrauchen Sie frische Minze möglichst schnell. Zur längeren Haltbarkeit das Kraut lose waschen, leicht trocken schütteln, locker in ein feuchtes Küchenkrepp einschlagen und in einem Plastikbeutel oder -behältnis im Gemüsefach des Kühlschranks lagern.

BASILIKUM

Ob glatt, kraus, rot, violett, hell oder dunkelgrün: In jeder Blätterpracht begeistert Basilikum vom Früh- bis in den Spätsommer. Schon vor über 4000 Jahren wurde Basilikum in Indien als Gewürz geschätzt. Im alten Ägypten war es Grabbeigabe der Pharaonen. Das „königliche" Kraut (lat.: Ocimum basilicum) besticht seither durch intensiv-aromatischen Duft und Geschmack. Der Reichtum ätherischer Öle (Linalool, Citral, Estragol und Eugenol) etabliert Basilikum nicht nur geschmacklich, sondern auch als Heilkraut in der Poleposition der Kräuter. Basilikum demonstriert antibakterielle, entzündungshemmende und dadurch schmerzstillende Wirkungen.

Der Vitalstoffreichtum beeindruckt mit Betacarotin, Rohstoff für die Bildung von Vitamin A für die Augengesundheit, Kalzium und Vitamin K für Knochenstoffwechsel und Blutgerinnung und Eisen für die Blutbildung. Zudem wirkt es stressreduzierend sowie beruhigend auf den Magen-Darm-Trakt und hilft als Salzsparer. Sogar bei hartnäckigem Juckreiz nach einem Insektenstich lässt uns das Königskraut nicht im Stich. Linderung verspricht der Basilikumsud: 5 EL frische Blätter mit 500 ml Wasser etwa 5 Minuten aufkochen, abseihen, im Kühlschrank kühlen und mit dem Sud die Einstichstelle wiederholt betupfen. Die Natur heilt.

DILL

Die beliebte Gewürzpflanze gehört wie Basilikum, Thymian, Majoran, Rosmarin und Estragon zur soliden Basis der Küchenkräuter. Als gut schmeckende würzige Begleitung für frisch eingelegte Gurken und Salate oder zum Würzen von Saucen ist er hinlänglich bekannt. Dabei schlummert im Dill nicht nur Geschmack, sondern auch ein unterschätztes gesundheitliches Talent als Heilkraut.

In 100 g getrocknetem Dill stecken rund 20 g Eiweiß, 12 g gesunde Faserstoffe und hochdosierte Mineralstoffe wie Kalium, Kalzium und Natrium. Seine Heilkraft verdankt der Dill den ätherischen Ölen aus Blättern und Früchten, die als Hauptkomponenten Carvon, Limone, Phellandren und Monoterpene enthalten. Schon im alten Rom wusste man die Heilwirkung des Dills besonders zu würdigen. Gladiatoren rieben sich vor dem Kampf mit Dillöl ein, um Wunden vor Entzündungen und Infektionen zu schützen. Heute kann man Dill naturheilkundlich bei Magen-Darm-Beschwerden wie Magenschmerzen und Blähungen sowie Schlafstörungen einsetzen. Dabei eignet sich die Gabe von Tee aus getrockneten, zerstoßenen Früchten: Als Aufguss etwa 5 g mit 150 ml heißem, nicht mehr kochendem Wasser aufgießen und 10 Minuten ziehen lassen. Empfehlenswert ist Dill auch besonders in der Stillzeit, da er eine milchfördernde Wirkung hat.

OREGANO

Vom Namen her „Schmuck der Berge" (griech.: oros = Berg; gonos = Schmuck, Glanz), aus der Bergwelt der Mittelmeerländer stammend, ist Oregano ein Hauptdarsteller in der modernen und mediterranen Küche. Bereits im Mittelalter war Oregano als Heilpflanze bekannt, schmückte hierzulande als „Dost" oder „Wilder Majoran" die Kräutergärten. Oregano zählt zu den effektivsten Heilmitteln mit antibiotischer und fungizider Wirkung, die die Natur uns schenkt. Arzneiliche Kraft verleihen ihm imposante Mengen an Bitter- und Gerbstoffen sowie ätherische Öle wie Thymol, Cymol, Borneol und Carvacrol.

Die Bitterstoffe harmonisieren das gesamte Verdauungssystem und erleichtern die Arbeit von Magen, Leber, Galle und Darm. Hohe sogenannte ORAC-Werte (Oxygen Radical Absorbence Capacity) zeichnen Oregano als eines der antioxidativ wirksamsten Lebensmittel aus.

Zudem lindert Oregano als Tee Atemwegsinfekte sowie durch Gurgeln Entzündungen im Mund- und Rachenraum. Für heilenden Tee 1 TL getrocknetes Kraut mit 150 ml nicht heißem Wasser übergießen, 10 Minuten ziehen lassen.

Tipp: Frisches Kraut nur kurz waschen, um den Geschmack nicht zu verwässern; getrocknetes Kraut vor dem Kochen etwa 15 Minuten in Wasser einweichen. So lässt sich das beste Aroma herauskitzeln. Oregano sollte möglichst lange mitgegart werden, um den stärksten Geschmack zu entfalten.

PETERSILIE

Dekoration?!? Nur als frische grüne Zierde ist Petersilie definitiv zu schade. Nicht selten übertrifft die Vitalstoffbombe am Tellerrand die Speisen, die sie verschönert, an gesundheitlichem Mehrwert. Das fantastische Kraut ist als ungewöhnliches Füllhorn an Vitaminen A, B_1–B_6, C, Betacarotin, Folsäure, Vitamin K, Mineralien, Spurenelementen (Magnesium, Kalzium, Eisen, Phosphor, Mangan, Schwefel und vor allem Kalium) eine ernst zu nehmende Nährstoffquelle. Der hohe Gehalt an Chlorophyll stärkt die Entgiftungsarbeit von Leber und Nieren, wirkt als natürliches Detox und belebender Energiebooster. Der dichte Fundus an Vitalstoffen macht vieles möglich: Petersilie lindert Sodbrennen und Völlegefühl, steigert die körperliche Belastungstoleranz und mindert Entzündungsprozesse. Im Sommer ist der Reichtum an ätherischen Ölen besonders hilfreich. So sorgt der regelmäßige Verzehr für frischen Atem und einen angenehmeren Körpergeruch. Auf frische Insektenstiche gerieben lindert der Tausendsassa den Juckreiz. Höchste Zeit also, Petersilie vom stiefmütterlichen Deko-Image zu befreien und als Hausapotheke zu etablieren.

Tipp: Doc Flecks Energiekur mit Petersilientee. Dazu 2 TL frische Petersilie (bevorzugt glatte Sorte) mit 150 ml heißem, nicht mehr kochendem Wasser übergießen und 10 Minuten ziehen lassen. Täglich zwei Tassen über eine Woche genießen.

SALBEI

Nicht nur als Gewürz, auch als Heilpflanze wurde Salbei (Salvia officinalis) bereits in der Antike genutzt, um Verdauungsprobleme, Entzündungen im Mund- und Rachenraum und sogar Unfruchtbarkeit zu heilen. Salbeiblätter entfalten wie viele Kräuter und Gewürze ihre Heilwirkung durch das effektive Zusammenspiel aus ätherischen Ölen, sekundären Pflanzenstoffen, den Flavonoiden und Bitterstoffen wie Carnosol. In den Blättern enthaltene Lamiaceen-Gerbstoffe beruhigen gereizte Schleimhaut in Mund und Rachen und wirken wie ein Schutzwall desinfizierend gegen Eindringlinge wie Viren und Bakterien. Salbei lindert chronische Verdauungsbeschwerden und Appetitlosigkeit, stärkt das Immunsystem, lindert nervöse Stresssymptome sowie chronische Erschöpfung und stärkt die Gedächtnisleistung. Dank dieser bemerkenswerten Eigenschaften ist er bei chronischer Überarbeitung, Prüfungsstress, starker Nervosität, Angst und depressiven Symptomen empfehlenswert. Salbei unterstützt den perfekten seelischen Spagat zwischen Gelassenheit und gleichzeitig positivem Angeregtsein. Salbei ist zudem das Kraut, das gegen unangenehme Schweißausbrüche gewachsen ist, nicht nur in den Wechseljahren und für die hormonelle Balance für Frauen jedes Alters, auch im Sommer mildert Salbei lästiges Schwitzen und sogar Schlafstörungen.

Tipp: Für einen Tee zum Trinken oder als Gurgellösung 2 EL frische oder getrocknete Blätter mit heißem Wasser übergießen und etwa 3–5 Minuten ziehen lassen. Bei längerer Ziehzeit entfalten die Bitterstoffe stärkeren Geschmack. Salbeifußbad: 50 g getrocknete Salbeiblätter mit 1 Liter kochendem Wasser übergießen, etwa 15 Minuten abgedeckt ziehen lassen, Auszug in einen Eimer mit lauwarmem Wasser abseihen und Füße darin 20 Minuten baden.

MELISSE

Die Melisse, auch Zitronenmelisse (lat.: Melissa officinalis) genannt, ist botanisch gesehen eine Verwandte von Salbei und Minze. Der Name „Melissa" (griech.: Biene) geht auf ihren feinaromatischen, zitronenartigen Duft zurück, der Bienen anlockt. Als Heilpflanze wird sie bereits seit der Antike verwendet. Die therapeutische Wirkung geht auf wertvolle Inhaltsstoffe zurück: ätherisches Öl mit den Hauptbestandteilen Citral, Linalool und Geraniol, Rosmarinsäure und Flavonoide. Melisse hat sich bei zahlreichen Beschwerden bewährt. Innerlich angewendet hilft sie insbesondere bei Nervosität und innerer Anspannung, Einschlafstörungen, Magenschleimhautreizungen, Verdauungsbeschwerden, Blähungen, Entzündungen der Harnwege und Menstruationsleiden. Hildegard von Bingen charakterisierte Melisse als eine Substanz, die das Herz freudig macht, und betonte ihre wohltuenden Effekte für Nervensystem und Seele. Melisse löst Ängste, bessert Konzentration und Gedächtnis. Studien zeigen, dass Zitronenmelisse nicht nur die seelische Ausgeglichenheit und Laune verbessert, sondern auch kognitive Leistungen. Sie steigert im Gehirn die Aktivität des Botenstoffs Acetylcholin und fördert dadurch Erinnerungsvermögen und Lernleistung. Auch beeindruckt das „Bienenkraut" als Geheimwaffe bei einer Herpes-simplex-Infektion, die unter starker UV-Belastung aufflammen kann.

Tipp: Bei den ersten Symptomen wie Kribbeln oder Prickeln der Lippen mit einem Melissenblättchen über die Stelle reiben. Zum gesunden Durstlöschen ist Melisse besonders im Sommer geeignet: einige Stängel Zitronenmelisse über Nacht mit Wasser ansetzen und als Melissenaufguss genießen.

WWW.MENGENRECHNER.DE
UNSER KOSTENLOSER SERVICE FÜR SIE

Ausführliche Infos
Seite 188

REZEPTE

ERFRISCHENDE SMOOTHIES UND GETRÄNKE

PRO PERSON **KCAL** 24 **E** 0 G **F** 0 G **KH** 5 G

vegan, glutenfrei, laktosefrei, einfach

SCHWARZER EISTEE MIT JOHANNISBEERSAFT

ZUBEREITUNG **5 MINUTEN** RUHEZEIT **10 MINUTEN** KÜHLZEIT **30 MINUTEN**

ERGIBT CA. 1 LITER

FÜR DEN TEE

2 gehäufte TL qualitativ hochwertiger schwarzer Tee
200 g Rote-Johannisbeer-Saft, gekühlt
300 g kohlensäurehaltiges Mineralwasser, gekühlt
Saft von ½ Zitrone
12–14 Eiswürfel
Saft von ½ Limette

FÜR DIE GARNIERUNG

1 Minisalatgurke (ca. 100 g)
2 Scheiben Biozitrone, halbiert

1 Für den Tee die losen schwarzen **Teeblätter** in ein hitzebeständiges hohes Gefäß geben. 500 g Wasser zum Kochen bringen, über den Tee gießen, gut durchrühren und 10 Minuten ziehen lassen. 2 Den Tee durch ein feines Sieb in einen Krug abseihen und 30 Minuten im Kühlschrank kalt stellen. 3 Für die Garnierung die **Gurke** waschen und zwei Drittel der Gurke in kleine Würfel schneiden. Den Rest schräg halbieren und leicht einschneiden. 4 Nach der Kühlzeit **Johannisbeersaft, Mineralwasser** und **Zitronensaft** in den Tee einrühren. 5 Die **Eiswürfel** auf zwei große Gläser verteilen und den gut gekühlten Tee eingießen. Jeweils eine **Zitronenscheibenhälfte** und die Gurkenwürfel mit in die Gläser geben. Die restlichen Zitronenscheiben und die Gurkenstücke dekorativ ans Glas stecken und servieren. Den restlichen Tee nach Belieben nachgießen.

PRO PERSON **KCAL** 7 **E** 0 G **F** 0 G **KH** 1 G

vegan, glutenfrei, laktosefrei, einfach

HIBISKUS-EISTEE

ZUBEREITUNG **5–8 MINUTEN** RUHEZEIT **12–14 MINUTEN** KÜHLZEIT **60 MINUTEN**

ERGIBT CA. 1 LITER

FÜR DEN TEE

6 Beutel Hibiskustee
¼–½ Bioorange (60–125 g)
500 g kohlensäurehaltiges Mineralwasser, gekühlt
Saft von ½ Zitrone
12–14 Eiswürfel

FÜR DIE GARNIERUNG

1 Scheibe Bioorange, halbiert
2 Zweige Rosmarin

1 Für den Tee die **Hibiskusteebeutel** in ein hitzebeständiges hohes Gefäß geben. 500 g Wasser zum Kochen bringen, über den Tee gießen, gut durchrühren und 12–14 Minuten ziehen lassen. 2 Die Teebeutel entfernen und den Tee 60 Minuten im Kühlschrank kalt stellen. 3 Die **Orange** waschen, mit Schale klein schneiden, nach der Kühlzeit mit **Mineralwasser** und **Zitronensaft** in den kalten Tee geben und vermengen. 4 Die **Eiswürfel** auf zwei große Gläser verteilen und den gut gekühlten Hibiskus-Eistee angießen. **Orangenscheiben** ans Glas stecken, mit dem **Rosmarin** garnieren und servieren. Den restlichen Tee nach Belieben nachgießen.

vegetarisch, glutenfrei, einfach

PRO PERSON **KCAL** 323 **E** 10 G **F** 2 G **KH** 63 G

GENIALER KIRSCH-SHAKE

ZUBEREITUNG **10 MINUTEN**

FÜR 2 GROSSE GLÄSER

250 g Kirschen, entsteint
1 Banane (200 g), in Stücke geschnitten
400 g Buttermilch, gekühlt
50 g Honig oder Ahornsirup
8 Eiswürfel, leicht angetaut

AUSSERDEM

2 gefriergeeignete große Gläser

1 Die beiden gefriergeeigneten großen Gläser zum Kühlen ins Gefrierfach stellen. 2 **Kirschen, Banane, Buttermilch, Honig** und **Eiswürfel** in den Standmixer oder Blender geben und auf der höchsten Stufe 45–60 Sekunden cremig mixen. 3 Den Kirsch-Shake in die beiden gekühlten Gläser füllen und servieren.

vegan, laktosefrei, einfach

PRO PERSON **KCAL** 76 **E** 0 G **F** 3 G **KH** 12 G

GOLDENE MILCH

ZUBEREITUNG **5–6 MINUTEN**

FÜR 2 GLÄSER

FÜR DIE PASTE (REICHT FÜR CA. 12 GLÄSER)

30 g gemahlene Kurkuma

FÜR DIE MILCH

1 gestrichener TL Kurkumapaste (siehe oben)
200 g Getreide- oder Nussdrink
1 TL Ahornsirup
1 TL natives Kokosöl oder gutes Nussöl
1 Prise frisch gemahlener schwarzer Pfeffer

1 Für die Paste die gemahlene **Kurkuma** mit 120 g gefiltertem Wasser in einem kleinen Topf glatt rühren, auf niedriger Stufe erhitzen und 1–2 Minuten köcheln lassen, dabei die Masse mit einem Kunststoffspatel immer wieder durchrühren. Vom Herd nehmen, etwas abkühlen lassen und die Paste in ein kleines verschließbares Gefäß füllen. 2 Für die Milch 1 gestrichenen TL von der **Kurkumapaste** abnehmen und mit **Getreidedrink, Ahornsirup, Kokosöl** und **Pfeffer** in einen Topf geben und umrühren. Unter Rühren zum Kochen bringen, dann in einen hohen Mixbecher geben und mit dem Stabmixer durchmixen. 3 Die goldene Milch in zwei Gläser füllen und genießen.

TIPP Dieses Getränk ist sehr sättigend und schmeckt warm am besten, aber man kann die goldene Milch auch wunderbar gut gekühlt trinken. Die Kurkumapaste hält sich im Kühlschrank 6–8 Wochen.

TIPP Wer mag, gibt noch ein Stück von der ausgepressten Limette mit in das Glas. Dann sollte es aber eine Biolimette sein.

PRO PERSON **KCAL** 36 **E** 1 G **F** 0 G **KH** 6 G

vegan, glutenfrei, laktosefrei, einfach

HAGEBUTTEN-EISTEE

ZUBEREITUNG **5 MINUTEN** RUHEZEIT **10 MINUTEN** KÜHLZEIT **30 MINUTEN**

ERGIBT CA. 1 LITER

FÜR DIE EISWÜRFEL

125 g Rote Johannisbeeren, Beeren abgezupft

FÜR DEN TEE

6 Beutel Hagebuttentee
150 g Kirschsaft, gekühlt
350 g kohlensäurehaltiges Mineralwasser, eiskalt gekühlt
Saft von ½–1 Limette

FÜR DIE GARNIERUNG

2 Rispen Rote Johannisbeeren
2 Zweige Thymian

1 Für die Eiswürfel die **Johannisbeeren** in einer Eiswürfelform verteilen, mit Wasser auffüllen und im Gefrierfach 2–3 Stunden gefrieren (länger ist kein Problem). 2 Für den Tee die **Hagebuttenteebeutel** in ein hitzebeständiges hohes Gefäß geben. 500 g Wasser zum Kochen bringen, über den Tee gießen, gut durchrühren und 12–14 Minuten ziehen lassen. 3 Teebeutel entfernen und den Tee mindestens 60 Minuten im Kühlschrank kalt stellen. 4 Nach der Kühlzeit **Kirschsaft, Mineralwasser** und **Limettensaft** zum kalten Tee geben und verrühren. 5 So viele Johannisbeereiswürfel wie erwünscht aus der Form lösen, auf zwei große Gläser verteilen und mit dem gut gekühlten Tee angießen. Den Hagebutten-Eistee mit **Johannisbeerrispen** und **Thymian** garnieren und genießen. Den restlichen Tee nach Belieben nachgießen.

PRO PERSON **KCAL** 7 **E** 0 G **F** 0 G **KH** 1 G

vegan, glutenfrei, laktosefrei, einfach

GRÜNER EISTEE

ZUBEREITUNG **5 MINUTEN** RUHEZEIT **7 MINUTEN** KÜHLZEIT **3–4 STUNDEN**

ERGIBT CA. 1 LITER

FÜR DIE EISWÜRFEL

je 6–8 weiße und blaue Weintrauben

FÜR DEN TEE

2 TL grüner Tee
500 g kohlensäurehaltiges Mineralwasser, eiskalt gekühlt
Saft von 1 Zitrone
1 Biolimette, heiß abgewaschen und in kleine Stücke geschnitten

FÜR DIE GARNIERUNG

2 Biolimettenspalten

1 Für die Eiswürfel die **Weintrauben** in einer Eiswürfelform verteilen, mit Wasser auffüllen und im Gefrierfach 2–3 Stunden gefrieren. 2 Für den Tee 500 g Wasser zum Kochen bringen, vom Herd nehmen und 5 Minuten stehen lassen. Die losen **grünen Teeblätter** in ein hitzebeständiges hohes Gefäß geben, das leicht abgekühlte heiße Wasser über den Tee gießen, gut durchrühren und 2 Minuten ziehen lassen. 3 Den Tee durch ein feines Sieb in einen Krug abseihen und im Kühlschrank 60 Minuten kalt stellen. 4 Nach der Kühlzeit **Mineralwasser, Zitronensaft** und **Limettenstücke** zum gut gekühlten Tee geben und verrühren. 5 Eiswürfel aus der Form lösen, auf zwei große Gläser verteilen und den Tee angießen. Eistee mit den **Limettenspalten** garnieren und servieren. Den restlichen Tee nach Belieben nachgießen.

vegan, glutenfrei, laktosefrei, einfach

PRO PERSON **KCAL** 213 **E** 2 G **F** 11 G **KH** 24 G

GRÜNER SMOOTHIE

ZUBEREITUNG **10–12 MINUTEN**

FÜR 2 GROSSE GLÄSER

1 Minisalatgurke (100–120 g), geschält und in grobe Stücke geschnitten
30 g Feldsalat oder Rucola, gewaschen und trocken geschleudert
10 g Ingwerwurzel, geschält und in Stücke geschnitten
100 g kernlose grüne Weintrauben
1 grüne Kiwi (120 g), geschält und in Stücke geschnitten
150 g Ananasfruchtfleisch, in Stücke geschnitten
1 EL Ahornsirup
1 Prise Meersalz
200 g Eiswürfel, angetaut
100 g kohlensäurehaltiges Mineralwasser, eiskalt gekühlt
1–2 EL Hanf-, Lein- oder Olivenöl

AUSSERDEM

2 gefriergeeignete große Gläser

1 Die beiden gefriergeeigneten großen Gläser zum Kühlen ins Gefrierfach stellen. 2 Bis auf das Öl alle **Zutaten** in den Standmixer oder Blender geben und mit dem Programm für Smoothies glatt mixen, alternativ manuell auf der höchsten Stufe 60 Sekunden laufen lassen. Zum Schluss das **Öl** zugeben und noch einmal kurz mixen. 3 Den Smoothie in die beiden gekühlten Gläser füllen und frisch genießen.

vegetarisch, glutenfrei, einfach

PRO PERSON **KCAL** 351 **E** 12 G **F** 8 G **KH** 50 G

BEEREN-SMOOTHIE

ZUBEREITUNG **5 MINUTEN**

FÜR 2 GROSSE GLÄSER

350 g gemischte TK-Beeren
1 Banane (200 g), in Stücke geschnitten
300 g Naturjoghurt (3,5 % Fett)
300 g Kokoswasser, gekühlt
50 kernige glutenfreie Haferflocken
1 Prise Meersalz

AUSSERDEM

2 gefriergeeignete große Gläser

1 Die beiden gefriergeeigneten großen Gläser zum Kühlen ins Gefrierfach stellen. 2 Gefrorene **Beeren, Banane, Joghurt, Kokoswasser** und **Haferflocken** mit **Salz** in den Standmixer oder Blender geben und mit dem Programm für Smoothies glatt mixen, alternativ manuell auf der höchsten Stufe 60 Sekunden laufen lassen. 3 Beeren-Smoothie in die beiden gekühlten Gläser füllen und frisch genießen.

1
2
3
4

AROMAWASSER

Ausreichend zu trinken, ist für sämtliche Stoffwechselprozesse äußerst wichtig. Vor allem im Sommer bei hohen Temperaturen neigt der Körper dazu, rasch zu dehydratisieren. Um schnell den Durst zu löschen, greifen viele dann zu gezuckerten Limonaden mit Konservierungs- und Farbstoffen. Das sollte jedoch vermieden werden. Optimal ist selbst gemachtes Aromawasser. Es versorgt den Körper mit einer ausreichenden Menge Flüssigkeit und liefert dank seiner Zutaten wichtige Nährstoffe. Durch den fruchtig-frischen Geschmack ist Aromawasser vor allem für Trinkmuffel eine gute Alternative zu stillem Wasser.

Grundzubereitung
Alle Zutaten in einen verschließbaren Glaskrug oder ein großes Einmachglas mit Deckel füllen und ein Liter stilles Mineralwasser aufgießen. Anschließend im Kühlschrank einige Stunden ziehen lassen. Zum Servieren in Gläser füllen und nach Belieben mit Eiswürfeln auffüllen.

1 BEEREN UND ZITRONENMELISSE

ZUTATEN 125 g Beeren (z. B. Blaubeeren, Himbeeren und Brombeeren; ggf. entstielt), 2–3 Stängel Zitronenmelisse

2 GURKE UND BASILIKUM

ZUTATEN 100 g Salatgurke (geschält und gewürfelt), 1–2 Stängel Basilikum (Blättchen abgezupft)

3 ZITRONE UND FRISCHE MINZE

ZUTATEN ½ Biozitrone (in Scheiben geschnitten), 2–3 Stängel Minze

4 WASSERMELONE, LIMETTE UND MINZE

ZUTATEN 100–150 g Wassermelonenfruchtfleisch (entkernt und gewürfelt), Saft von ½ Limette, 2–3 Stängel Minze, 1 Biolimette (in Scheiben geschnitten)

TIPP Abgefüllt in gut verschließbare Isolierflaschen, eignen sich diese erfrischenden Getränkevarianten ausgezeichnet für unterwegs. Gut gekühlt, hält sich das Aromawasser 2–3 Tage.

LEICHTE SUPPEN UND VORSPEISEN

vegetarisch, glutenfrei, einfach

PRO PERSON **KCAL** 315 **E** 6 G **F** 14 G **KH** 29 G

KALTE ERDBEERSUPPE

ZUBEREITUNG **10 MINUTEN**

FÜR 2 PERSONEN

500 g Erdbeeren
¼–½ Bund Schnittlauch
100 g Doppelrahmfrischkäse
50 g Grenadinesirup oder anderer fruchtiger Sirup, gut gekühlt
Saft von ½ Zitrone
6–8 Eiswürfel

AUSSERDEM

2 gefriergeeignete tiefe Teller oder Suppenschalen

1 Die beiden gefriergeeigneten tiefen Teller oder Suppenschalen zum Kühlen ins Gefrierfach stellen. 2 **Erdbeeren** waschen, putzen und abtropfen lassen. 3 Den **Schnittlauch** waschen, trocken tupfen, in feine Röllchen schneiden und in einen tiefen Teller geben. Aus dem **Frischkäse** mit angefeuchteten Händen kleine Kugeln rollen und im Schnittlauch wälzen. 4 Die Erdbeeren mit **Grenadinesirup, Zitronensaft** und **Eiswürfeln** im Standmixer oder Blender durchmixen. 5 Die Erdbeersuppe in die beiden gekühlten tiefen Teller oder Suppenschalen füllen. Die Schnittlauch-Frischkäsekugeln daraufsetzen und sofort servieren.

LAUWARME KAISERSCHOTEN-KOKOSMILCH-SUPPE

ZUBEREITUNG **12–15 MINUTEN**

FÜR 2 PERSONEN

FÜR DIE SUPPE

Meersalz
125 g Kaiserschoten, geputzt
1 Frühlingszwiebel (20 g), in Ringe geschnitten
½ frische grüne Chilischote, entkernt und in Stücke geschnitten
½ grüne Paprikaschote (100 g), entkernt und in Stücke geschnitten
5 Basilikumblätter
150 g Kokosmilch
100 g kalte oder warme vegane Gemüsebrühe
1–2 EL Limettensaft
frisch gemahlener schwarzer Pfeffer

FÜR DIE GARNIERUNG

2 EL Olivenöl
Kräuter nach Wahl

1 Für die Suppe leicht **gesalzenes** Wasser in einem Topf zum Kochen bringen und eine Schüssel mit Eiswasser bereithalten. Die **Kaiserschoten** im kochenden Wasser 2 Minuten garen, abgießen und 3 Minuten ins Eiswasser geben. In ein Sieb abgießen und abtropfen lassen. 2 Kaiserschoten mit **Frühlingszwiebeln, Chilischote, Paprika, Basilikum, Kokosmilch, Gemüsebrühe** und **Limettensaft** in den Standmixer oder Blender geben und auf der höchsten Stufe 1–2 Minuten glatt mixen. 3 Die Suppe in einen Topf geben und erwärmen, bis sie lauwarm ist – nicht kochen! Mit **Salz** und **Pfeffer** abschmecken. 4 Die Kaiserschoten-Kokosmilch-Suppe auf zwei tiefe Teller oder Suppenschalen verteilen. Zum Garnieren das **Olivenöl** darüberträufeln und mit **Kräuterblättern** bestreuen. Sofort servieren.

INFO Diese lauwarme Suppe ist leicht körnig, das ist richtig so, denn die Kokosmilch bindet erst ab einer höheren Temperatur. Durch das sanfte Erwärmen wird sie samtiger.

PRO PERSON **KCAL** 304 **E** 4 G **F** 22 G **KH** 19 G

GRÜNE GAZPACHO MIT GURKENSPIESS

ZUBEREITUNG **15 MINUTEN**

FÜR 2 PERSONEN

FÜR DIE SPIESSE

1 Minisalatgurke (100–120 g)
Meersalz

FÜR DIE GAZPACHO

250 g vegane Gemüsebrühe, gekühlt
1 Minisalatgurke (100–120 g), in Stücke geschnitten
150 g Staudensellerie, in Stücke geschnitten
1 Delicious-Apfel (200 g), geviertelt, entkernt und in Stücke geschnitten
1 grüne Paprikaschote (200 g), entkernt und in Stücke geschnitten
4–5 Stängel Petersilie, grob gehackt
1 kleine Knoblauchzehe
40 g Olivenöl
Saft von ½ Limette
6–8 Eiswürfel
Meersalz
frisch gemahlener schwarzer Pfeffer

FÜR DIE GARNIERUNG

Petersilienblätter
2 TL Olivenöl

AUSSERDEM

2 Holzspieße

1 Zwei Suppenschalen oder tiefe Teller im Kühlschrank kalt stellen. 2 Für die Spieße die **Salatgurke** in schöne Stücke schneiden, auf die beiden Holzspieße stecken, leicht **salzen** und beiseitestellen. 3 Für die Gazpacho alle **Zutaten** mit etwas **Salz** und **Pfeffer** in den Standmixer oder Blender geben, den Deckel verschließen und auf der höchsten Stufe gut 1–2 Minuten glatt mixen. 4 Gazpacho in die vorgekühlten Suppenschalen oder tiefen Teller füllen und die Gurkenspieße daneben- oder daraufsetzen. Mit **Petersilienblättern** garnieren, mit **Olivenöl** beträufeln und sofort servieren.

EISKALTE SPARGELSUPPE

ZUBEREITUNG **25 MINUTEN** GARZEIT **10 MINUTEN**

FÜR 2 PERSONEN

FÜR DIE SUPPE

500 g weißer Spargel
Meersalz
400 g ungesüßter Getreidedrink, gekühlt
200 g Ricotta (20 % i. Tr.)

FÜR DAS TOPPING

¼ Bund krause Petersilie
2 Frühlingszwiebeln (insg. 50 g)
1 Zitrone
40 g Olivenöl
½–1 TL Ahornsirup
Meersalz
frisch gemahlener schwarzer Pfeffer
abgeriebene Schale von ½ gefrorenen Biozitrone (siehe Tipp auf Seite 81)

AUSSERDEM

2 gefriergeeignete tiefe Teller oder Suppenschalen

1 Die beiden gefriergeeigneten tiefen Teller oder Suppenschalen zum Kühlen ins Gefrierfach stellen. 2 Für die Suppe den **Spargel** schälen und die Enden der Stangen etwa 2 cm abschneiden. Spargelstangen mit 250 g Wasser und etwas **Salz** in eine große Pfanne oder einen breiten Topf geben, den Deckel aufsetzen, aufkochen und 10 Minuten köcheln lassen. 3 Spargelstangen in den Standmixer oder Blender geben, **Getreidedrink** und **Ricotta** zugeben und glatt mixen. Alternativ den Stabmixer verwenden. Mit **Salz** abschmecken und 15 Minuten im Gefrierfach kalt stellen. 4 In der Zwischenzeit für das Topping die **Petersilie** waschen, trocken schütteln und hacken. Die **Frühlingszwiebeln** putzen und in Ringe schneiden. 5 Die **Zitrone** mit einem scharfen Messer dick abschälen, sodass die weiße Haut mit entfernt wird. Dann die Filets herauslösen, dabei über einer Schüssel arbeiten, den Saft auffangen und die Zitronenfilets gleich in die Schüssel geben. 6 Petersilie und Frühlingszwiebeln hinzufügen, **Olivenöl, Ahornsirup, Salz** und **Pfeffer** zugeben und das Topping vermengen. 7 Die Spargelsuppe aus dem Gefrierfach nehmen und erneut durchmixen. In die beiden gekühlten tiefen Teller oder Suppenschalen füllen, das Topping mit der abgeriebenen **Zitronenschale** darübergeben und servieren.

PRO PERSON **KCAL** 271 **E** 16 G **F** 15 G **KH** 19 G

FEINE LEICHTE BUTTERMILCHSUPPE

ZUBEREITUNG **8–10 MINUTEN**

FÜR 2 PERSONEN

FÜR DIE GARNIERUNG

100–125 g Blaubeeren
10 Walnusskernhälften (insg. 30–35 g)
fein gehackte Petersilie

FÜR DIE SUPPE

600 g Buttermilch, gut gekühlt
½ Bund krause Petersilie, grob gehackt
1 Knoblauchzehe, halbiert
1–2 Prisen Meersalz

AUSSERDEM

2 gefriergeeignete tiefe Teller oder Suppenschalen
6 Bambusspieße

1 Die beiden gefriergeeigneten tiefen Teller oder Suppenschalen zum Kühlen ins Gefrierfach stellen. 2 Für die Garnierung die **Blaubeeren** waschen und auf Küchenpapier abtropfen lassen. Dann auf die Bambusspieße stecken und beiseitestellen. 3 Für die Suppe **Buttermilch, Petersilie, Knoblauch** und **Salz** im Standmixer oder Blender 30–45 Sekunden gut durchmixen. 4 Die Buttermilchsuppe in die beiden gekühlten tiefen Teller oder Suppenschalen füllen, zum Garnieren **Walnüsse** und **Petersilie** darüberstreuen, mit den Blaubeerspießen anrichten und genießen.

PIKANTE KALTE MANDELSUPPE

ZUBEREITUNG **10 MINUTEN**

FÜR 2 PERSONEN

125 g Mandelkerne, abgezogen
4 Knoblauchzehen, grüner Keimling entfernt und Zehen geviertelt
Meersalz
500 g ungesüßter Mandeldrink, gekühlt
40 g Mandelmehl
2 Frühlingszwiebeln (insg. 50 g), in dünne Ringe geschnitten
fein gehackte Petersilie zum Garnieren (nach Belieben)

AUSSERDEM

2 gefriergeeignete tiefe Teller oder Suppenschalen

1 Die beiden gefriergeeigneten tiefen Teller oder Suppenschalen zum Kühlen ins Gefrierfach stellen. 2 **Mandeln** mit dem **Knoblauch** in eine beschichtete Pfanne geben und ohne Fettzugabe bei mittlerer Hitze langsam rösten, dabei zwischendurch die Pfanne schwenken. Zum Schluss mit **Salz** würzen und vom Herd nehmen. 3 **Mandeldrink, Mandelmehl,** den gerösteten Knoblauch und die Hälfte der gerösteten Salzmandeln im Standmixer oder Blender kurz cremig mixen. Alternativ den Stabmixer verwenden. 4 Die Mandelsuppe in die beiden gekühlten Teller oder Suppenschalen füllen, restliche Salzmandeln, **Frühlingszwiebeln** und nach Belieben **Petersilie** darüberstreuen und genießen. Wirklich richtig gut!

vegetarisch, glutenfrei, laktosefrei, einfach

PRO PERSON **KCAL** 302 **E** 4 G **F** 25 G **KH** 13 G

SCHNELLE KALTE TOMATENSUPPE

ZUBEREITUNG **10 MINUTEN**

FÜR 2 PERSONEN

FÜR DIE SUPPE

1 Dose Tomaten-Filetti (400 g; siehe Info)
150 g Fenchelknolle, in Stücke geschnitten
200 g Gemüsebrühe, gekühlt
1 TL Honigsenf
1 Prise Chiliflocken
40 g Olivenöl
½ geröstetes Sesamöl
½ EL milder heller Balsamico-Essig
Meersalz

FÜR DIE GARNIERUNG

2 Minisalatgurken (à 100 g)
Olivenöl
Meersalz
frisch gemahlener schwarzer Pfeffer oder Chiliflocken (nach Belieben)
4–6 Basilikumblätter

AUSSERDEM

2 gefriergeeignete tiefe Teller oder Suppenschalen

1 Die beiden gefriergeeigneten tiefen Teller oder Suppenschalen zum Kühlen ins Gefrierfach stellen. 2 Für die Suppe die **Tomaten-Filetti** samt Saft mit **Fenchel, Gemüsebrühe, Honigsenf, Chiliflocken, Olivenöl, Sesamöl, Balsamico-Essig** und etwas **Salz** im Standmixer oder Blender glatt mixen. Alternativ den Stabmixer verwenden. 3 Für die Garnierung die **Gurken** waschen, eine klein würfeln und die andere mit einem Sparschäler in längliche Scheiben schneiden. 4 Tomatensuppe in die beiden gekühlten tiefen Teller oder Suppenschalen geben und mit etwas **Olivenöl** beträufeln. Gurkenstücke und -scheiben darauf verteilen, dann mit etwas **Salz** und nach Belieben mit **Pfeffer** oder **Chiliflocken** bestreuen und mit den **Basilikumblättern** garniert servieren. Superschnell und superlecker!

INFO Tomaten-Filetti (Tomatenfilets) sind längliche Tomaten, die bei der Herstellung geschält, in Spalten geschnitten, entkernt und im eigenen Saft eingelegt werden.

EI IM GLAS KLASSISCH
MIT SENFSAUCE
EI IM GLAS
ASIA-STYLE
EI IM GLAS
ITALIENISCHE ART

PRO PERSON **KCAL** 168 **E** 9 G **F** 14 G **KH** 3 G

vegetarisch, glutenfrei, einfach

EI IM GLAS KLASSISCH MIT SENFSAUCE

ZUBEREITUNG **10 MINUTEN**

FÜR 4 PERSONEN

100 g Salatgurke, 4 zimmerwarme Eier (Größe M), 80 g Sahne, 20 g (2 TL) Honigsenf, Meersalz, frisch gemahlener schwarzer Pfeffer, Erbsensprossen oder andere Sprossen und fein gehackte Kräuter nach Belieben zum Garnieren

1 Die **Gurke** in feine Würfel schneiden und auf vier kleine Glasschalen oder Gläser verteilen. 2 Die **Eier** mit einem Eierpicker einstechen und in einem Topf mit kochendem Wasser 6 Minuten garen. 3 In der Zwischenzeit die **Sahne** mit **Senf** sowie etwas **Salz** und **Pfeffer** in einem kleinen Topf aufkochen und gut 1 Minute köcheln lassen. 4 Die Eier abgießen, abschrecken und schälen. Je ein Ei in die Gläser mit der Gurke setzen. 5 Die Senfsauce über die Eier gießen und nach Belieben mit **Sprossen** und **Kräutern** garniert servieren.

PRO PERSON **KCAL** 177 **E** 11 G **F** 14 G **KH** 3 G

glutenfrei, einfach

EI IM GLAS ASIA-STYLE

ZUBEREITUNG **10 MINUTEN**

FÜR 4 PERSONEN

40 g Räucherlachs, klein gezupft, 4 zimmerwarme Eier (Größe M), 80 g Sahne, ½–1 TL Wasabipaste, 1 Msp. Chiliflocken, 1 Msp. fein gehackte Ingwerwurzel, ½ TL gemischte TK-Kräuter (nach Belieben etwas mehr zum Garnieren), Meersalz, je 50 g gelbe und orange Paprikaschote, entkernt und in Streifen geschnitten

1 Den **Lachs** auf vier kleine Glasschalen oder Gläser verteilen. 2 Die **Eier** mit einem Eierpicker einstechen und in einem Topf mit kochendem Wasser 6 Minuten garen. 3 In der Zwischenzeit die **Sahne** mit **Wasabipaste, Chiliflocken, Ingwer, Kräutern** und etwas **Salz** in einem kleinen Topf aufkochen und gut 1 Minute köcheln lassen. 4 Die Eier abgießen, abschrecken und schälen. Je ein Ei in die Gläser mit dem Lachs setzen. 5 Die Sauce über die Eier gießen und mit den **Paprikastreifen** und nach Belieben mit **Kräutern** garniert servieren.

PRO PERSON **KCAL** 195 **E** 11 G **F** 16 G **KH** 3 G

vegetarisch, glutenfrei, einfach

EI IM GLAS ITALIENISCHE ART

ZUBEREITUNG **10 MINUTEN**

FÜR 4 PERSONEN

8 Minimozzarellakugeln, halbiert, 4 zimmerwarme Eier (Größe M), 80 g Sahne, ½ EL Tomatenmark, 1 Msp. getrocknete italienische Kräuter (nach Belieben etwas mehr zum Garnieren), 1 Msp. Chiliflocken, ½ TL Ahornsirup, Meersalz, 10–12 kleine Basilikumblätter, 3–4 Cocktailtomaten (insg. 45–60 g), in Stücke geschnitten

1 Acht **Mozzarellahälften** auf vier kleine Glasschalen oder Gläser verteilen. 2 Die **Eier** mit einem Eierpicker einstechen und in einem Topf mit kochendem Wasser 6 Minuten garen. 3 In der Zwischenzeit **Sahne, Tomatenmark, Kräuter, Chiliflocken, Ahornsirup** und etwas **Salz** in einem kleinen Topf aufkochen und gut 1 Minute köcheln lassen. 4 Eier abgießen, abschrecken und schälen. Je ein Ei in die Gläser mit dem Mozzarella setzen. 5 Sauce über die Eier gießen, mit restlichen **Mozzarellahälften, Basilikum, Kräutern** nach Belieben und **Tomaten** garnieren und servieren.

vegetarisch, einfach

PRO PERSON **KCAL** 671 **E** 22 G **F** 41 G **KH** 40 G

BRUSCHETTA MIT AVOCADO

ZUBEREITUNG **12–15 MINUTEN**

FÜR 2 PERSONEN

FÜR DIE BROTE

2 große Scheiben Dinkelbrot (à 50 g)
250 g Magerquark
2 EL Olivenöl
Meersalz
frisch gemahlener schwarzer Pfeffer
1 Prise Chiliflocken
20 g eingelegte Tomaten in Öl, abgetropft und gewürfelt
5 pikant marinierte, entsteinte grüne Oliven (insg. 30 g), gewürfelt
5 Basilikumblätter, in feine Streifen geschnitten

FÜR DIE GARNIERUNG

1 reife Avocado (250 g)
4 eingelegte Tomaten in Öl (insg. 40–50 g), abgetropft und längs halbiert
8–10 pikant marinierte, entsteinte grüne Oliven (insg. 50–60 g), halbiert
Chiliflocken und Basilikum (nach Belieben)

1 Für die Brote die **Dinkelbrotscheiben** halbieren und ohne Fettzugabe in einer Grillpfanne von beiden Seiten rösten. Herausnehmen. 2 Inzwischen den **Magerquark** mit dem **Olivenöl** verrühren und mit **Salz** und **Pfeffer** abschmecken. **Chiliflocken,** gewürfelte **Tomaten, Oliven** und **Basilikum** einrühren. 3 Für die Garnierung die **Avocado** längs halbieren, entkernen und schälen. Das Fruchtfleisch in längliche Stücke schneiden. 4 Die Quarkmischung auf die Brothälften streichen. Mit Avocado, halbierten **Tomaten** und **Oliven** belegen. Die Bruschettas auf zwei Teller setzen und nach Belieben mit **Basilikum** und **Chiliflocken** garniert servieren.

vegetarisch, einfach

PRO PERSON **KCAL** 474 **E** 38 G **F** 22 G **KH** 28 G

BRUSCHETTA MIT EI UND GURKE

ZUBEREITUNG **10 MINUTEN**

FÜR 2 PERSONEN

4 zimmerwarme Eier (Größe L)
2 große Scheiben Dinkelbrot (à 50 g)
250 g Ricotta (20 % i. Tr.)
Meersalz
frisch gemahlener schwarzer Pfeffer
1 Minisalatgurke (120–140 g), mit einem Sparschäler längs in Scheiben geschnitten
klein geschnittene Kräuter nach Wahl zum Garnieren

1 Wasser in einem Topf zum Kochen bringen. Die **Eier** zugeben und 7 Minuten kochen. Abgießen, unter fließendem kaltem Wasser abschrecken, schälen und beiseitestellen. 2 Inzwischen die **Dinkelbrotscheiben** halbieren und ohne Fettzugabe in einer Grillpfanne von beiden Seiten rösten. 3 Den **Ricotta** mit **Salz** und **Pfeffer** würzen und gleichmäßig auf die gerösteten Brothälften streichen. 4 Die **Gurkenscheiben** auf die Brote legen. Die Eier längs halbieren und ebenfalls darauflegen. Mit **Kräutern** garnieren und nach Belieben noch etwas **Salz** über die Eier streuen. Die Bruschettas auf zwei Teller setzen und servieren.

PRO PERSON **KCAL** 544 **E** 17 G **F** 35 G **KH** 37 G

vegetarisch, einfach

BRUSCHETTA MIT ZIEGENKÄSE

ZUBEREITUNG **8–10 MINUTEN**

FÜR 2 PERSONEN

2 große Scheiben Dinkelbrot (à 50 g)
1 Birne (200 g), in 8 Spalten geschnitten und entkernt
2–3 EL Olivenöl
140–160 g Ziegenfrischkäserolle
1 kleine Sternfrucht (ca. 80 g), in Scheiben geschnitten
25 g Walnusskerne, grob zerkleinert
8 kleine Romanasalatherzblätter (insg. 40–50 g)

1 Die **Dinkelbrotscheiben** halbieren und ohne Fettzugabe in einer Grillpfanne von beiden Seiten rösten. Herausnehmen. 2 Dann die **Birnenstücke** in der Grillpfanne ebenfalls ohne Fettzugabe grillen. 3 **Olivenöl** auf die gerösteten Brotscheiben träufeln. Den **Ziegenfrischkäse** in Scheiben schneiden und gleichmäßig auf die Brotscheiben geben. **Sternfrucht, Walnüsse,** Birnenspalten und **Salatblätter** darauf verteilen, die Bruschettas auf zwei Teller setzen und genießen.

PRO PERSON **KCAL** 417 **E** 24 G **F** 21 G **KH** 29 G

vegetarisch, einfach

BRUSCHETTA MIT GRÜNEM SPARGEL

ZUBEREITUNG **15 MINUTEN**

FÜR 2 PERSONEN

2 große Scheiben Dinkelbrot (à 50 g)
12 frische Stangen grüner Spargel (insg. ca. 250 g)
1 EL Erdnussöl
250 g Magerquark
2 EL Haselnussöl oder anderes Nussöl
Meersalz
frisch gemahlener schwarzer Pfeffer
25 g Haselnusskerne, grob gehackt

1 Die **Dinkelbrotscheiben** halbieren und ohne Fettzugabe in einer Grillpfanne von beiden Seiten rösten. Herausnehmen. 2 Inzwischen den **Spargel** waschen, die Enden 1–2 cm abschneiden (siehe Tipp), mit dem **Erdnussöl** einreiben und in der heißen Grillpfanne, in der das Brot geröstet wurde, bei mittlerer Hitze 10–12 Minuten braten, dabei gelegentlich wenden. 3 In der Zwischenzeit den **Magerquark** mit dem **Haselnussöl** verrühren und gut mit **Salz** und **Pfeffer** würzen. 4 Die Quarkmischung auf die gerösteten Brotstücke streichen und mit den gehackten **Haselnüssen** bestreuen. Den fertig gebratenen Spargel darauflegen und mit etwas **Salz** würzen. Die Bruschettas auf zwei Teller setzen und servieren.

TIPP Wenn man im Frühling ganz frischen grünen Spargel bekommt, reicht es, die Enden 1–2 cm zu kürzen. Die Stangen brauchen nicht geschält zu werden. Wenn Sie grünen Spargel außerhalb der Haupterntezeit kaufen, sollte er im unteren Drittel geschält werden. Wer mag, garniert die Bruschettas noch mit einigen Kräutern.

SALATE FÜR HEISSE TAGE

PRO PERSON **KCAL** 793 **E** 44 G **F** 53 G **KH** 32 G

QUINOASALAT MIT GEGRILLTEM HALLOUMI

ZUBEREITUNG **15 MINUTEN** GARZEIT **15 MINUTEN**

FÜR 2 PERSONEN

FÜR DEN SALAT

75 g bunte Quinoa
Meersalz
250 g Halloumi, halbiert
½ EL Sonnenblumenöl
2 kleine Romanasalatherzen (à 60 g), Blätter abgetrennt
je 3 gelbe, orange und rote Cocktailtomaten (insg. 130–150 g), halbiert
½ Bund Rucola (50–60 g), gewaschen und trocken geschleudert
½ Bund Schnittlauch, in 2–3 cm lange Stücke geschnitten

FÜR DAS DRESSING

50 g Tahin (Sesampaste)
2–3 EL Zitronensaft
1 EL Ahornsirup
2 ½ EL Olivenöl
Meersalz
frisch gemahlener schwarzer Pfeffer
1 Msp. gemahlener Kreuzkümmel

1 Für den Salat die **Quinoa** in ein feines Sieb geben und gut unter fließendem heißem Wasser abspülen. In einen Topf geben, 200 g Wasser und etwas **Salz** zugeben und aufkochen. Den Deckel aufsetzen und bei niedriger Hitze 15 Minuten köcheln lassen. Vom Herd nehmen und abgedeckt stehen lassen. 2 Für das Dressing **Tahin, Zitronensaft, Ahornsirup** und **Olivenöl** mit 4–5 EL Wasser in einen hohen Mixbecher geben und mit dem Stabmixer gut durchmixen. Mit **Salz, Pfeffer** und **Kreuzkümmel** abschmecken und in eine Saucière füllen. 3 Eine Grillpfanne vorheizen. Die **Halloumihälften** leicht mit **Sonnenblumenöl** einstreichen und in der heißen Pfanne bei mittlerer Hitze von beiden Seiten insgesamt 2–3 Minuten grillen. 4 Die gegarte, noch warme Quinoa mit **Salatblättern, Tomaten, Rucola** und **Schnittlauch** auf zwei Tellern anrichten, den gegrillten Halloumi danebensetzen und servieren. Das Dressing separat dazu reichen.

TIPP Wenn man Quinoa unter heißem Wasser abspült, verringert das etwas den strengen, leicht bitteren Geschmack. Peppen Sie den Salat noch mit Blaubeeren und gerösteten Sonnenblumenkernen auf!

KICHERERBSENSALAT MIT KRÄUTERN

ZUBEREITUNG **10 MINUTEN**

FÜR 2 PERSONEN

Saft von 1 Limette
2 EL Ahornsirup
Meersalz
frisch gemahlener schwarzer Pfeffer
1 Msp. Chiliflocken
1 Msp. gemahlener Kreuzkümmel
2 EL Olivenöl
1 Dose Kichererbsen (400 g Einwaage)
80 g rote Zwiebel, fein gewürfelt
je ¼ Bund Petersilie, Kerbel, Koriander und Basilikum, Blätter abgezupft

1 **Limettensaft** und **Ahornsirup** in eine große Schüssel geben. **Salz, Pfeffer, Chiliflocken** und **Kreuzkümmel** dazugeben und vermengen. Dann das **Olivenöl** einrühren. 2 Die **Kichererbsen** in ein Sieb abgießen, unter fließendem kaltem Wasser abbrausen und abtropfen lassen. 3 Die abgetropften Kichererbsen mit **Zwiebelwürfeln** und **Kräutern** in die Schüssel zur Vinaigrette geben und alles gut vermengen. 4 Den Kichererbsensalat auf zwei Teller verteilen und genießen. Das ist Frische pur!

TIPP Die Kräuter kann man sich so zusammenstellen, wie man mag, zum Beispiel den Koriander gegen Dill oder Estragon tauschen oder Kerbel durch Minze ersetzen. Zu diesem Salat passt gegrilltes Fleisch oder Geflügel sehr gut. Dann ist das Gericht aber natürlich nicht mehr vegan oder vegetarisch. Oder man genießt ihn mit etwas Soja- oder Naturjoghurt. Servieren Sie den Salat auch mal in kleinen Portionen als eine originelle Tapas-Variante.

PRO PERSON **KCAL** 406 **E** 24 G **F** 29 G **KH** 10 G

GEBRATENER SALAT MIT SPIEGELEI UND SENFSAUCE

ZUBEREITUNG **12–15 MINUTEN**

FÜR 2 PERSONEN

FÜR SALAT UND EIER

2 mittelgroße Romanasalate (à 250 g)
1 TL Erdnussöl
Meersalz
½ EL Butter
4 Bioeier (Größe L)

FÜR DIE SAUCE

80 g Sahne
1–2 TL Honigsenf
Meersalz
frisch gemahlener schwarzer Pfeffer
½ Bund Kräuter nach Wahl (z. B. Petersilie, Kerbel und Dill), fein gehackt

1 Für den Salat die **Romanasalate** der Länge nach halbieren, waschen und gut trocken schütteln. 2 Das **Erdnussöl** in einer großen Pfanne erhitzen und den Salat darin bei mittlerer Hitze von beiden Seiten 4–5 Minuten braten. Dann leicht **salzen.** 3 Inzwischen für die Sauce die **Sahne** mit **Honigsenf,** etwas **Salz** und **Pfeffer** in einen kleinen Topf geben, aufkochen und 1 Minute leicht köcheln lassen. Vom Herd nehmen und die **Kräuter** einrühren. 4 Für die Eier die **Butter** in einer großen Pfanne zerlassen. Die **Eier** aufschlagen, in die Pfanne geben und bei mittlerer Hitze zu Spiegeleiern braten. 5 Den gebratenen Salat auf zwei Teller verteilen, daneben die Senfsauce geben, die Spiegeleier auf den Saucenspiegel setzen und genießen.

PRO PERSON **KCAL** 600 **E** 25 G **F** 46 G **KH** 15 G

vegetarisch, glutenfrei, einfach

GRIECHISCHER SALAT OHNE GURKE

ZUBEREITUNG **5–7 MINUTEN**

FÜR 2 PERSONEN

400–450 g verschiedenfarbige Tomaten (gelb, grün, rot und orange)
250 g Feta
12 entsteinte grüne Oliven (insg. ca. 70 g)
12 entsteinte schwarze Oliven (insg. ca. 50 g)
6–8 kleine Artischockenherzen aus dem Glas (insg. 120–180 g), abgetropft
2 Frühlingszwiebeln (insg. 50 g), in Ringe geschnitten
Meersalz
frisch gemahlener schwarzer Pfeffer
2–3 EL Olivenöl
kleine Basilikumblätter oder Majoranblätter zum Garnieren

1 Die **Tomaten** waschen und die Stielansätze herausschneiden. Die Früchte in Scheiben, Stücke, Spalten und Würfel schneiden. 2 Tomatenstücke auf zwei Tellern anrichten, den **Feta** in Stücke schneiden und mit **grünen** und **schwarzen Oliven** auf den Tomaten verteilen. 3 Die **Artischockenherzen** halbieren und mit den **Frühlingszwiebelringen** auf den Tomaten anrichten. Mit **Salz** und **Pfeffer** würzen und mit dem **Olivenöl** beträufeln. 4 Den griechischen Salat mit **Basilikumblättern** garnieren und genießen.

PRO PERSON **KCAL** 532 **E** 10 G **F** 33 G **KH** 43 G

KARTOFFEL-GURKEN-SALAT MIT CHICORÉE

ZUBEREITUNG **27–30 MINUTEN**

FÜR 2 PERSONEN

400 g Drillinge
(kleine Kartoffeln)
Meersalz
70 g rote Zwiebel
225 g Salatgurke
2 Chicorée (à 140 g)
3 Stängel Dill
250 g saure Sahne
2–3 EL Sonnenblumenöl

1 Die **Kartoffeln** waschen und in einen Topf mit leicht **gesalzenem** Wasser geben. Zum Kochen bringen und 20–22 Minuten garen. **2** Während der Garzeit die **Zwiebel** schälen, halbieren und in dünne Scheiben schneiden. Die **Gurke** waschen, längs halbieren, entkernen und in etwa 5 mm dicke Stücke schneiden. **3** Die Blätter vom **Chicorée** abtrennen, waschen und trocken tupfen. Acht bis zehn Blätter beiseitestellen. Die restlichen Chicoréeblätter in dünne Streifen schneiden. **4** Den **Dill** waschen, trocken tupfen, hacken und etwas gehackten Dill zum Garnieren zurücklegen. Die **saure Sahne** mit gehacktem Dill, **Sonnenblumenöl** und etwas **Salz** in einer Schüssel verrühren. **5** Die Kartoffeln abgießen, ausdämpfen und etwas abkühlen lassen. **6** Zwiebeln, Gurken und Chicoréestreifen in die Schüssel mit der angerührten sauren Sahne geben und vermengen. **7** Die Kartoffeln warm pellen, in Scheiben schneiden, ebenfalls in die Schüssel geben und unterheben. **8** Die beiseitegestellten Chicoréeblätter auf zwei Teller verteilen. Den Kartoffel-Gurken-Salat anrichten, mit dem zurückgelegten Dill garnieren und genießen.

PRO PERSON **KCAL** 762 **E** 26 G **F** 58 G **KH** 32 G

vegetarisch, einfach

SALAT CAPRESE FÜR JOHANNA

ZUBEREITUNG **10 MINUTEN**

FÜR 2 PERSONEN

1 kleines Bund Basilikum (ca. 20 g), Blätter abgezupft
2–3 mittelgroße Knoblauchzehen
100 g Olivenöl
Meersalz
120 g Dinkelbrot
2 Kugeln Büffelmozzarella (à 125 g)
320–400 g schöne mittelgroße Tomaten (siehe Tipp)

1 Von den **Basilikumblättern** einige zum Garnieren beiseitelegen. Restlichen **Basilikum, Knoblauchzehen** und **Olivenöl** mit etwas **Salz** in einen hohen Mixbecher geben und mit dem Stabmixer gut durchmixen. 2 Das **Dinkelbrot** in Stücke zupfen und in eine Schüssel geben. Die Hälfte des Basilikumöls darübergießen und gut vermengen. 3 Eine Pfanne vorheizen und das Brot darin bei niedriger bis mittlerer Hitze 4–5 Minuten unter gelegentlichem Wenden knusprig rösten. 4 Inzwischen den **Mozzarella** auf Küchenpapier abtropfen lassen, dann in Scheiben schneiden. 5 Die Stielansätze aus den **Tomaten** herausschneiden und die Früchte in Scheiben oder Stücke schneiden. 6 Tomaten und Mozzarella mit den gerösteten Brotstücken auf zwei Tellern anrichten, restliches Basilikumöl darüberträufeln und mit den beiseitegelegten Basilikumblättern garniert servieren.

TIPP Wenn Sie die Tomaten lieber ohne Haut mögen, können Sie die Früchte entweder mit einem Sparschäler abschälen und dann die Stielansätze herausschneiden. Oder Sie blanchieren die Tomaten 10 Sekunden in kochendem Wasser (die Früchte aber vorher nicht einstechen und auch nicht den Stielansatz herausschneiden). Dann die Tomaten zum Abschrecken in Eiswasser geben, anschließend die Haut abziehen und die Stielansätze herausschneiden.

 PRO PERSON **KCAL** 240 **E** 6 G **F** 15 G **KH** 16 G

TOMATENSALAT MIT GRÜNEN BOHNEN UND KAPERN

ZUBEREITUNG **10–15 MINUTEN**

FÜR 2 PERSONEN

Meersalz
100 g grüne Bohnen, geputzt
1 Fleischtomate (150–200 g)
600 g kleine verschiedenfarbige Tomaten
70 g Schalotten, fein gewürfelt
12–14 große Kapernäpfel
frisch gemahlener schwarzer Pfeffer
50–60 g Olivenöl

1 Leicht **gesalzenes** Wasser in einem Topf zum Kochen bringen und eine Schüssel mit Eiswasser bereithalten. Die **Bohnen** im kochenden Wasser 4–5 Minuten garen. Dann abgießen und 3 Minuten ins Eiswasser geben. In ein Sieb abgießen und abtropfen lassen. Die Bohnen längs spalten und die Hälften auseinanderziehen. 2 Erneut Wasser in einem Topf zum Kochen bringen und eine Schüssel mit Eiswasser bereithalten. Die **Fleischtomate,** ohne sie vorher einzuschneiden, im kochenden Wasser blanchieren, dabei bis zehn zählen. Herausnehmen, kurz ins Eiswasser geben und die Haut abziehen. Den Stielansatz herausschneiden, dann die Tomate in Scheiben schneiden oder nur halbieren. 3 Die kleinen **Tomaten** waschen und halbieren. 4 Bohnen, kleine Tomaten und Fleischtomate auf einer Platte anrichten. Dann **Schalotten** und **Kapern** darüberstreuen, mit **Salz** und **Pfeffer** würzen, mit dem **Olivenöl** beträufeln und servieren.

TIPP Dieser Tomatensalat eignet sich hervorragend, um in kleinen Portionen als Tapas serviert zu werden.

KRÄUTER-PERLGRAUPEN-SALAT MIT FETA

ZUBEREITUNG **25 MINUTEN**

FÜR 2 PERSONEN

FÜR DIE GRAUPEN

1 ½ EL Olivenöl
80 g Zwiebel, fein gewürfelt
50 g feine Perlgraupen
Meersalz

FÜR DIE MARINADE

50 g Olivenöl
2 Knoblauchzehen
1 Msp. Chiliflocken
¼ TL gemahlener Kreuzkümmel
¼ TL gemahlener Zimt
abgeriebene Schale von 1 Biozitrone (siehe Tipp)
Saft von 1 Zitrone

FÜR DEN SALAT

80 g Mandelblättchen
150 g Feta-Miniwürfel
100 g Petersilie, fein gehackt
50 g Minze, Blätter fein gehackt
1 Bund Frühlingszwiebeln (150 g), in Ringe geschnitten
1 grüne Paprikaschote (200 g), entkernt und fein gewürfelt
Meersalz
frisch gemahlener schwarzer Pfeffer
4 Biozitronenspalten

1 Für die Graupen das **Olivenöl** in einem kleinen Topf kurz erwärmen, die **Zwiebelwürfel** dazugeben und 1–2 Minuten anschwitzen. Die **Perlgraupen** einrühren, 300 g Wasser zugießen, leicht **salzen,** den Deckel aufsetzen und 15 Minuten kochen. Vom Herd nehmen und etwas abkühlen lassen. 2 Für die Marinade das **Olivenöl** in eine große Schüssel geben. Die **Knoblauchzehen** durch eine Knoblauchpresse in das Öl drücken. **Chiliflocken, Kreuzkümmel, Zimt, Zitronenschale** und **-saft** zugeben und alles verrühren. 3 Für den Salat die **Mandelblättchen** in einer Pfanne ohne Fettzugabe kurz anrösten und vom Herd nehmen. 4 **Feta, Petersilie, Minze, Frühlingszwiebeln** und **Paprikawürfel** in die Schüssel mit der Marinade geben. Die gekochten Perlgraupen und die gerösteten Mandelblättchen hinzufügen und alles gut vermengen. Mit **Salz** und **Pfeffer** abschmecken. 5 Den Kräuter-Perlgraupen-Salat auf zwei Teller verteilen, die **Zitronenspalten** dazulegen und genießen. Der Salat schmeckt auch noch 2–3 Tage später wunderbar, denn er hält sich im Kühlschrank einige Tage.

TIPP Um einen guten Zitronenabrieb zu bekommen, die Biozitrone heiß abwaschen, gut trocknen und einige Stunden ins Gefrierfach legen. Am besten ist, einige Zitronen auf Vorrat einzufrieren – einmal für den Zitronenabrieb und zum anderen, weil Zitronen schnell verderben. Nach dem Abreiben der Schale die Zitrone im Kühlschrank auftauen lassen und später ganz normal zum Auspressen verwenden.

PRO PERSON **KCAL** 433 **E** 11 G **F** 29 G **KH** 28 G

SALAT MIT ROTER UND GELBER BETE UND PANIERTEN AUSTERNPILZEN

ZUBEREITUNG **20 MINUTEN**

FÜR 2 PERSONEN

FÜR DEN SALAT

150 g Rote Bete
150 g Gelbe oder Ringelbete
150 g bunte Karotten
Meersalz
2 EL Sonnenblumenöl
Kresse oder Sprossen zum Garnieren (nach Belieben)

FÜR DIE VINAIGRETTE

20 g scharfer Meerrettich aus dem Glas
1 ½ EL milder weißer Balsamico-Essig
3 EL Sonnenblumenöl
Meersalz
frisch gemahlener schwarzer Pfeffer

FÜR DIE PILZE

1 Ei (Größe M)
40–50 g gepuffter Amaranth
100–120 g Austernpilze, geputzt
3–4 EL Sonnenblumenöl
Meersalz

1 Für den Salat **Rote** und **Gelbe Beten** sowie **Karotten** schälen und auf einem Gemüsehobel oder einer Mandoline in dünne Scheiben hobeln, dabei zunächst mit den Gelben Beten beginnen, dann die Karotten und danach die Roten Beten einzeln verarbeiten und in verschiedene Schüsseln geben, damit nichts abfärbt. Das Gemüse jeweils mit etwas **Salz** würzen, mit dem **Sonnenblumenöl** beträufeln und vermengen. 2 Für die Vinaigrette **Meerrettich, Balsamico-Essig** und **Sonnenblumenöl** in einer Schüssel vermengen und mit **Salz** und **Pfeffer** würzen. 3 Für die Pilze das **Ei** in einen tiefen Teller geben und mit 1 EL Wasser verquirlen. Den gepufften **Amaranth** in einen anderen tiefen Teller geben. Die **Austernpilze** zunächst durch das Ei ziehen und dann gut im Amaranth wälzen, sodass sie eine schöne Panade bekommen. 4 Das **Sonnenblumenöl** in einer Pfanne erhitzen. Die panierten Austernpilze darin bei mittlerer Hitze von beiden Seiten insgesamt 3–4 Minuten knusprig braten. Erst nach dem Braten leicht **salzen.** 5 Die Vinaigrette auf zwei Teller verteilen und die Beten- mit den Karottenscheiben dekorativ auf dem Vinaigrettespiegel anrichten. Die gebratenen Austernpilze zugeben, nach Belieben mit **Kresse** oder **Sprossen** garnieren und servieren.

SALADE NIÇOISE

ZUBEREITUNG **20–25 MINUTEN**

FÜR 2 PERSONEN

FÜR DIE VINAIGRETTE

1 Knoblauchzehe
1 TL Honigsenf
Saft von 1 Zitrone
Meersalz
frisch gemahlener schwarzer Pfeffer
3 EL Olivenöl

FÜR DEN SALAT

½ TL Sonnenblumenöl
2 zimmerwarme Bioeier (Größe M)
2 EL helle ungeschälte Sesamsaat
1 EL schwarze Sesamsaat
2 EL Erdnussöl
400 g Thunfischfilet, in 6–8 gleich große Stücke geschnitten
1 Eiweiß, verquirlt
1 reife Avocado (250 g)
80–100 g Friséesalat, in mundgerechte Stücke geschnitten
250 g mittelgroße Tomaten, halbiert
½ rote Zwiebel, in dünne Streifen geschnitten
1 Minisalatgurke (100–120 g), in Scheiben geschnitten
6 große entsteinte grüne Oliven (insg. ca. 40 g)
10 entsteinte schwarze Oliven (insg. ca. 40 g)
2 Biozitronenspalten
Hornveilchen oder Kapuzinerblüten zum Garnieren (nach Belieben)

AUSSERDEM

hitzebeständige Frischhaltefolie
Küchengarn

1 Für die Vinaigrette die **Knoblauchzehen** durch eine Knoblauchpresse in eine große Schüssel drücken. **Honigsenf** und **Zitronensaft** zugeben und gut verrühren. Mit **Salz** und **Pfeffer** würzen und dann das **Olivenöl** einrühren. Beiseitestellen. 2 Für den Salat zwei Stücke hitzebeständige Frischhaltefolie (etwa 20 × 20 cm) ganz dünn mit **Sonnenblumenöl** einstreichen und die Folie mit der Ölschicht nach oben in zwei Tassen geben. Die **Eier** vorsichtig aufschlagen und jeweils ein Ei in eine Tasse setzen. Die Folienenden gut zudrehen und mit Küchengarn verschließen. 3 Wasser in einem Topf zum Kochen bringen. Auf niedrige Hitze stellen, dann die Eierpäckchen ins Wasser geben und 4 Minuten ziehen lassen. Die pochierten Eier herausnehmen und bis zum Anrichten in der Folie lassen. 4 Die beiden **Sesamsorten** in einem tiefen Teller vermischen. Das **Erdnussöl** in einer Pfanne erhitzen. Die **Thunfischstücke** von zwei Seiten in das verquirlte **Eiweiß** tunken und dann mit diesen Flächen in den Sesam drücken. Die Thunfischstücke mit den panierten Seiten in die Pfanne geben und bei mittlerer Hitze 1 Minute braten. Auf die andere panierte Seite wenden und noch 1 Minute braten. 5 Inzwischen die **Avocado** längs halbieren, entkernen, die Haut abziehen und das Fruchtfleisch vierteln. 6 Den **Friséesalat** in die Schüssel mit der Vinaigrette geben und vermengen. Auf zwei Tellern anrichten, dann Avocado, Thunfisch, **Tomaten, Zwiebeln, Gurken, grüne** und **schwarze Oliven** sowie **Zitronenspalten** zufügen. Die Eier aus der Folie nehmen und dazulegen. Nach Belieben mit **essbaren Blüten** garnieren und servieren.

PRO PERSON **KCAL** 637 **E** 41 G **F** 49 G **KH** 7 G

CAESAR SALAD

ZUBEREITUNG **18–20 MINUTEN**

FÜR 2 PERSONEN

FÜR DAS DRESSING

60 g Naturjoghurt (3,5 % Fett)
1 große Knoblauchzehe, halbiert
1 TL Honigsenf
1–2 eingelegte Sardellenfilets aus dem Glas (insg. 3–6 g)
Saft von ½ Zitrone
40 g Parmesan, gerieben
Meersalz
frisch gemahlener schwarzer Pfeffer
40 g Olivenöl

FÜR DEN SALAT

400 g Romanasalat, in dicke Streifen geschnitten
1 TL Erdnussöl
80 g Frühstücksspeck, in dünne Streifen geschnitten
200 g Putenbrustfleisch, in kleine Stücke geschnitten
20–30 g Parmesan, in Scheiben gehobelt

1 Für das Dressing **Joghurt, Knoblauchzehe, Honigsenf, Sardellenfilets, Zitronensaft** und **Parmesan** in einen hohen Mixbecher geben und mit dem Stabmixer auf der höchsten Stufe 1 Minute gut durchmixen. Mit **Salz** und **Pfeffer** würzen, das **Olivenöl** zugeben und alles kräftig mixen. 2 Für den Salat den **Romanasalat** in eine Schüssel geben, das Dressing darüberträufeln und vermengen. 3 Das **Erdnussöl** in einer Pfanne erhitzen und die **Speckstreifen** darin bei mittlerer bis hoher Hitze knusprig braten. Herausnehmen und in der gleichen Pfanne die **Putenbruststücke** bei mittlerer Hitze 3–4 Minuten braten. 4 Den angemachten Romanasalat auf zwei Tellern anrichten, gebratene Speckstreifen und Putenstücke darübergeben, mit dem gehobelten **Parmesan** garnieren und servieren.

BUNTER KUGELSALAT

ZUBEREITUNG **15 MINUTEN**

FÜR 2 PERSONEN

1 Minisalatgurke (100–120 g)
½ Honigmelone (ca. 600 g), entkernt
150 g Minimozzarellakugeln
je 60 g grüne und rote Weintrauben
20 Kirschen (insg. ca. 150 g), entsteint
200 g verschiedenfarbige Cocktailtomaten
8 Kapernäpfel
50 g entsteinte schwarze Oliven
2–3 Stängel Basilikum, Blätter abgezupft
Saft von ½ Zitrone
50 g Olivenöl
1 EL Ahornsirup
Meersalz
frisch gemahlener schwarzer Pfeffer

AUSSERDEM

Kugelausstecher

1 Mit dem Kugelausstecher aus der **Gurke** und der **Melone** Kugeln ausstechen und in eine Schüssel geben. Restliche **Zutaten** hinzufügen, leicht mit **Salz** und **Pfeffer** würzen und gut vermengen.
2 Den Kugelsalat in der Schüssel servieren oder auf zwei Teller verteilen und genießen.

TIPP Zu diesem fruchtigen Kugelsalat passt ein leckeres frisches Brot oder geröstete Brotscheiben.

SOMMERGERICHTE MIT FLEISCH

GEGRILLTES GRÜNES GEMÜSE MIT ROSMARIN-LAMM

ZUBEREITUNG **30 MINUTEN**

FÜR 2 PERSONEN

FÜR DAS GEMÜSE

Meersalz
1 Zucchini (300 g), quer in 1 cm dicke Scheiben geschnitten
2 kleine weiße Zwiebeln, halbiert
1 Minisalatgurke (120 g), längs geviertelt und entkernt
1 grüne Paprikaschote (200 g), geviertelt, entkernt und mit einem Sparschäler geschält
1 Bund Frühlingszwiebeln (150 g), geputzt, dunkelgrüne Teile entfernt (diese anderweitig verwenden)
Olivenöl
Petersilie zum Garnieren (nach Belieben)

FÜR DIE BEILAGEN

1 EL Olivenöl
Meersalz
frisch gemahlener schwarzer Pfeffer
80 g Couscous
80 g Naturjoghurt (3,5 % Fett)

FÜR DAS FLEISCH

2–3 Zweige Rosmarin, Nadeln abgezupft
Meersalz
270–280 g Lammlachs (ausgelöster Kotelettstrang), 30 Minuten vorher aus dem Kühlschrank genommen und halbiert
1 TL Erdnussöl

1 Für das Gemüse etwas **Salz** auf ein Backblech streuen. **Zucchinischeiben, Zwiebeln, Gurken-** und **Paprikaviertel** darauflegen. Die **Frühlingszwiebeln** an den Enden etwas einschneiden und dazulegen. Alles nur ganz leicht **salzen** und einige Minuten ziehen lassen. 2 In der Zwischenzeit für die Beilagen 160 g Wasser mit **Olivenöl,** etwas **Salz** und **Pfeffer** in einen Topf geben und zum Kochen bringen. Den **Couscous** in eine hitzebeständige Schüssel geben, die heiße Flüssigkeit darübergießen und mit einer Gabel vermengen. Die Schüssel gut abdecken und den Couscous 5 Minuten ruhen lassen. 3 Für das Fleisch die **Rosmarinnadeln** mit ¼ TL **Salz** fein hacken. Die **Lammfleischstücke** im Rosmarinsalz wenden und 5 Minuten ziehen lassen. 4 Das Gemüse mit Küchenpapier trocken tupfen. Eine Grillpfanne vorheizen. Alle Gemüsestücke leicht mit **Olivenöl** bestreichen, in die heiße Pfanne geben und bei mittlerer Hitze 6–8 Minuten grillen, dabei zwischendurch wenden. 5 Inzwischen eine andere Pfanne für das Fleisch vorheizen. Das **Erdnussöl** zugeben und heiß werden lassen. Dann das Lammfleisch zugeben und bei mittlerer Hitze von jeder Seite 2 Minuten braten. In Alufolie einschlagen und 5 Minuten ruhen lassen. 6 Zum Servieren Couscous und **Joghurt** auf zwei Teller verteilen. Dann das gegrillte Gemüse mit dem Rosmarin-Lamm daraufgeben und nach Belieben mit **Petersilie** garnieren.

RINDFLEISCH-PAPRIKA-SPIESSE MIT ZUCCHINISPAGHETTI

ZUBEREITUNG **20–25 MINUTEN**

FÜR 2 PERSONEN

FÜR DIE SPIESSE

Sonnenblumenöl
260 g Rindfleisch aus der Hüfte oder Rinderfilet
1 rote Paprikaschote (250 g), geviertelt und entkernt
½ EL Butterschmalz
1 Biolimette, halbiert

FÜR DIE SPAGHETTI

½ EL Kokosöl
100 g Zwiebeln, in Scheiben geschnitten
Meersalz
500–600 g feste gelbe oder grüne Zucchini, geputzt
frisch gemahlener schwarzer Pfeffer
½ Bund Petersilie, Blätter abgezupft

AUSSERDEM

Spiralschneider (alternativ Gemüsehobel oder Mandoline)
2 Holzspieße

1 Für die Spieße die Holzspieße mit etwas **Sonnenblumenöl** einreiben. Das **Fleisch** in zehn bis zwölf gleichmäßig große Würfel schneiden. Einen Teil der **Paprika** ebenfalls in zehn bis zwölf gleichmäßig große Stücke schneiden, die nicht größer als die Fleischstücke sein sollten. Fleisch- und Paprikastücke auf die vorbereiteten Holzspieße stecken. 2 Die restliche **Paprika** in Streifen schneiden und beiseitestellen. 3 Eine Pfanne vorheizen. Das **Butterschmalz** dazugeben und heiß werden lassen. Die **Limettenhälften** darin kurz anbraten und herausnehmen. Dann die Spieße darin rundum insgesamt 8–10 Minuten bei mittlerer bis hoher Hitze braten. Vom Herd nehmen, die Limettenhälften wieder zugeben und noch 2–3 Minuten in der Pfanne ziehen lassen. 4 Parallel zum Braten der Spieße für die Spaghetti das **Kokosöl** in einem Wok oder einer anderen großen Pfanne erhitzen. Die **Zwiebeln** darin mit den beiseitegestellten Paprikastreifen auf mittlerer Stufe 3–5 Minuten anschwitzen, danach leicht **salzen.** 5 Inzwischen die **Zucchini** im Spiralschneider zu Spaghetti schneiden und zur Zwiebelmischung in die Pfanne geben. Bei hoher Hitze 2–3 Minuten garen, dabei zwischendurch die Pfanne schwenken und leicht mit **Salz** und **Pfeffer** würzen. Zum Schluss die **Petersilie** einrühren. 6 Zucchinispaghetti auf zwei Teller verteilen, die Rindfleisch-Paprika-Spieße mit den gebratenen Limettenhälften danebenlegen und servieren.

PRO PERSON **KCAL** 402 **E** 37 G **F** 18 G **KH** 20 G

ENTENBRUSTSCHEIBEN AUF BOHNENSALAT

ZUBEREITUNG **20 MINUTEN**

FÜR 2 PERSONEN

FÜR DAS FLEISCH

1 küchenfertige Entenbrust (ca. 280 g), Sehnen entfernt
Meersalz

FÜR DEN SALAT

Meersalz
150 g grüne Bohnen, geputzt
50 g heller milder Essig
1 TL Ahornsirup
100 g Schalotten, fein gewürfelt
frisch gemahlener schwarzer Pfeffer
40 g Sonnenblumenöl
250 g weiße Bohnen aus dem Glas (Abtropfgewicht), abgespült und abgetropft

1 Für das Fleisch die Fettseite der **Entenbrust** mit einem scharfen Messer rautenförmig einschneiden. Nur ganz leicht mit etwas **Salz** würzen und mit der Fettseite in eine kalte Pfanne legen. Bei mittlerer Hitze langsam 5 Minuten braten. Die Entenbrust wenden und von der Fleischseite 2–3 Minuten braten. Dann wieder wenden und auf der Fettseite weitere 3 Minuten braten. 2 Die Entenbrust nach dem Braten am besten auf ein Holzschneidebrett legen, mit einer Edelstahlschüssel abdecken und 6–8 Minuten ruhen lassen. So kann das Fleisch gut durchziehen und ist später beim Aufschneiden schön rosa. 3 Parallel zur Fleischgarzeit für den Salat leicht **gesalzenes** Wasser in einem Topf zum Kochen bringen und eine Schüssel mit Eiswasser bereithalten. Die **grünen Bohnen** im kochenden Wasser 2–3 Minuten garen. Abgießen und 2 Minuten ins Eiswasser geben. Die Bohnen in ein Sieb abgießen und abtropfen lassen. 4 **Essig, Ahornsirup** und **Schalotten** in einer Schüssel vermengen und mit **Salz** und **Pfeffer** kräftig würzen. Dann das **Sonnenblumenöl** gut einrühren und die **weißen Bohnen** zugeben. Die abgetropften grünen Bohnen in 2–3 cm lange Stücke schneiden, zugeben und alles gut vermengen. 5 Den Bohnensalat auf zwei Teller verteilen. Die Entenbrust aufschneiden, auf dem Salat anrichten und servieren.

TIPP Geben Sie in den Bohnensalat noch frisch gehackte Minze oder gehackten Koriander, das gibt ihm eine sehr frische Note.

Blau Stern
SOLINGEN
ROSTFREI

LAMMFILETS MIT ROTEN LINSEN UND MANGO

ZUBEREITUNG **15–20 MINUTEN**

FÜR 2 PERSONEN

FÜR LINSEN UND MANGO

120 g rote Linsen
½ EL Olivenöl
50 g Zwiebel, fein gewürfelt
200 g Gemüsebrühe
Meersalz
frisch gemahlener schwarzer Pfeffer
½ Mango (ca. 250 g)
10–12 Minzblätter

FÜR DAS FLEISCH

4 Lammfilets (à ca. 60 g)
1 TL Erdnussöl

1 Für das Linsengemüse die roten **Linsen** in ein Sieb geben, unter fließendem kaltem Wasser gut abspülen und abtropfen lassen. 2 Das **Olivenöl** in einen Topf geben, die **Zwiebeln** zufügen und bei mittlerer Hitze 2 Minuten anschwitzen. Die Linsen hineingeben, die **Gemüsebrühe** zugießen, aufkochen und bei mittlerer Hitze 4–5 Minuten garen. Mit **Salz** und **Pfeffer** abschmecken. Vom Herd nehmen, den Deckel auflegen und bis zum Anrichten etwas ruhen lassen. 3 Während der Linsengarzeit für das Fleisch eine Grillpfanne gut vorheizen. Die **Lammfilets** mit dem **Erdnussöl** bestreichen und in der heißen Pfanne bei mittlerer Hitze insgesamt 2–3 Minuten rundum braten. Die Lammfilets auf ein Holzschneidebrett legen, mit einer Edelstahlschüssel abdecken und 3–5 Minuten ruhen lassen. 4 Währenddessen die **Mango** gegebenenfalls entsteinen, schälen und in Scheiben schneiden. 5 Das Linsengemüse auf zwei Teller verteilen, die Lammfilets mit den Mangoscheiben daneben anrichten, **Minze** darüberstreuen und servieren.

PRO PERSON **KCAL** 336 **E** 41 G **F** 13 G **KH** 20 G

RINDERFILETSCHEIBEN MIT FENCHEL UND PAPAYA-VINAIGRETTE

ZUBEREITUNG **20 MINUTEN** BACKZEIT **25 MINUTEN** RUHEZEIT **50 MINUTEN**

FÜR 4 PERSONEN

FÜR FLEISCH UND GEMÜSE

500 g Rinderfilet (Mittelstück), 2 Stunden vor der Verarbeitung aus dem Kühlschrank genommen
Meersalz
2–4 EL Erdnussöl
4 Zweige Rosmarin
4 kleinere Fenchelknollen (à ca. 200 g), längs halbiert

FÜR DIE VINAIGRETTE

140–150 g Papaya, geschält, entkernt und fein gewürfelt
100 g Schalotten, fein gewürfelt
100 g milder heller Balsamico-Essig
1–2 EL Ahornsirup
30–40 g qualitativ hochwertiges Sonnenblumenöl
feines Meersalz
frisch gemahlener schwarzer Pfeffer

1 Den Backofen 30 Minuten auf 140 °C Ober-/Unterhitze vorheizen, dabei eine kleine Auflaufform mit hineinstellen. 2 Für das Fleisch das **Rinderfilet** leicht **salzen** und mit 1–2 EL **Erdnussöl** einreiben. Eine Pfanne auf mittlerer bis hoher Stufe gut vorheizen und das Fleisch darin ohne weitere Ölzugabe rundum insgesamt 8 Minuten braten, dabei eventuell die Hitze etwas reduzieren. 3 Dann den **Rosmarin** in die heiße Auflaufform im Ofen geben, das Rinderfilet darauflegen und 25 Minuten garen. Herausnehmen, das Fleisch mit dem Rosmarin in Alufolie einschlagen und auf einem Holzschneidebrett 50 Minuten ruhen lassen. 4 Für die Vinaigrette **Papaya, Schalotten, Balsamico-Essig, Ahornsirup** und **Sonnenblumenöl** in einer Schüssel vermengen, mit **Salz** und **Pfeffer** würzen und beiseitestellen. 5 Für das Gemüse die restlichen 1–2 EL **Erdnussöl** in einer großen Pfanne erhitzen und die **Fenchelhälften** darin bei mittlerer Hitze von beiden Seiten jeweils 2–3 Minuten braten. Dann den Deckel aufsetzen und bei niedriger Hitze 4–5 Minuten gar ziehen lassen. Erst zum Schluss leicht **salzen.** 6 Die Papaya-Vinaigrette auf vier Teller verteilen. Das Rinderfilet in dünne Scheiben aufschneiden und auf den Vinaigrettespiegel setzen. Den Fenchel daneben anrichten und servieren.

TIPP Dieses Gericht ist für vier Personen konzipiert, da der Aufwand etwas größer ist und sich ja lohnen soll. Das Fleisch kann man auch bis zu 1 ½ Stunden in Alufolie ruhen lassen, es bleibt gleichmäßig schön rosa.

laktosefrei, glutenfrei

KALBSSCHNITZEL MIT FRUCHTIGEM GURKENSALAT

ZUBEREITUNG **20 MINUTEN**

FÜR 2 PERSONEN

FÜR DEN SALAT

40 g Aprikosen- oder Apfelessig
2 EL Ahornsirup
Meersalz
frisch gemahlener schwarzer Pfeffer
2 EL Walnuss- oder anderes Nussöl
1 Salatgurke (350–400 g), klein gewürfelt
100 g Schalotten, fein gewürfelt
½ Apfel (100 g), klein gewürfelt
je 1 frische rote und gelbe Chilischote, entkernt und fein gewürfelt
1 Frühlingszwiebel (20 g), gewürfelt oder in Ringe geschnitten
40 g Walnusskerne, grob zerdrückt
40 g Soft-Aprikosen, klein gewürfelt
fein gehackte Kräuter nach Wahl (nach Belieben)

FÜR DAS FLEISCH

2 Kalbsschnitzel (à 150 g)
Meersalz
1 EL Erdnussöl oder Butterschmalz

1 Für den Salat **Essig** und **Ahornsirup** in eine Schüssel geben, mit **Salz** und **Pfeffer** würzen und das **Walnussöl** einrühren. 2 **Gurken, Schalotten, Äpfel, Chilischoten, Frühlingszwiebeln, Walnüsse** und **Aprikosen** in die Vinaigrette geben und alles gut vermengen. 3 Für das Fleisch die **Schnitzel** in jeweils drei Stücke schneiden und nur leicht **salzen.** 4 Eine Pfanne vorheizen. Das **Erdnussöl** hineingießen, heiß werden lassen und die Schnitzelstücke darin von jeder Seite je 1–2 Minuten braten. 5 Die Kalbsschnitzel auf zwei Teller verteilen, den fruchtigen Gurkensalat daneben anrichten und nach Belieben mit **Kräutern** garniert genießen.

TIPP Wer mag, der gibt noch einige frische ganze Minzblätter mit in den Salat.

PRO PERSON **KCAL** 491 **E** 33 G **F** 17 G **KH** 48 G

LINSENNUDELN MIT ERBSEN UND KALBFLEISCH

ZUBEREITUNG **15 MINUTEN**

FÜR 2 PERSONEN

Meersalz
150 g Nudeln aus Linsenmehl (90 %) und Vollkornreismehl (10 %)
125 g TK-Erbsen
1 EL Erdnussöl
150 g Kalbsschnitzel, in dünne Streifen geschnitten
50–60 g Gemüsebrühe
80 g Sahne
frisch gemahlener schwarzer Pfeffer
1 EL gehackte frische oder TK-Kräuter
7–8 Basilikumblätter

1 Leicht **gesalzenes** Wasser in einem Topf aufkochen. Die **Nudeln** darin nach Packungsangaben je nach Sorte 6–8 Minuten kochen. In ein Sieb abgießen und abtropfen lassen. 2 Währenddessen leicht **gesalzenes** Wasser in einem anderen kleinen Topf aufkochen. **Erbsen** zugeben, einmal aufkochen lassen und ebenfalls in ein Sieb abgießen. 3 Eine große Pfanne oder einen großen Wok vorheizen. Das **Erdnussöl** zugießen und heiß werden lassen. Das **Fleisch** zugeben und unter Rühren anbraten. Erst dann **salzen, Gemüsebrühe** und **Sahne** angießen und zum Kochen bringen. Mit **Salz** und **Pfeffer** abschmecken und dann die **Kräuter** einrühren. 4 Die Nudeln mit den Erbsen in die Pfanne geben, alles gut durchschwenken und 1–2 Minuten in der Sauce köcheln lassen. 5 Das Nudelgericht auf zwei Tellern anrichten, mit den **Basilikumblättern** garnieren und genießen.

SPINAT MIT POCHIERTER BIRNE, HÄHNCHEN UND KIRSCHSAUCE

ZUBEREITUNG **20 MINUTEN**

FÜR 2 PERSONEN

FÜR DIE BIRNEN

80 g Weißwein oder Wasser
2 EL Ahorn- oder Reissirup
1 EL Zitronensaft
Meersalz
2 Birnen (à 250 g), geschält, entkernt und in Spalten geschnitten

FÜR DAS HÄHNCHEN

260–300 g Hähnchenbrustfilet, schräg zur Fleischfaser in 6 Stücke geschnitten
1 EL Erdnussöl

FÜR DEN SPINAT

10 g Butter
Meersalz
frisch gemahlener schwarzer Pfeffer
15 g Basilikum, Blätter abgezupft
300 g Babyspinat, gewaschen und trocken geschleudert

FÜR DIE SAUCE

100 g Kirschsaft
25 g Sauerkirsch-Balsamico oder anderer Balsamico-Essig
1–2 EL Ahorn- oder Reissirup
Meersalz
frisch gemahlener schwarzer Pfeffer
½ TL Speisestärke, mit 1 EL Kirschsaft angerührt

1 Für die Birnen **Weißwein, Ahornsirup, Zitronensaft** und etwas **Salz** in einen Topf geben, die **Birnenspalten** zufügen und zum Kochen bringen. Den Deckel aufsetzen und bei niedriger Hitze 5–10 Minuten pochieren – die Zeit hängt vom Reifegrad der Birnen ab. 2 In der Zwischenzeit für das Hähnchen eine Grillpfanne vorheizen. Die **Hähnchenbruststücke** mit dem **Erdnussöl** einstreichen und in der heißen Pfanne bei mittlerer Hitze von beiden Seiten insgesamt 8–9 Minuten grillen. 3 Währenddessen für den Spinat die **Butter** in einem großen Topf bei hoher Hitze zerlassen, dann etwas **Salz** und **Pfeffer** zugeben. Einige **Basilikumblätter** beiseitelegen. Restliche **Basilikumblätter** und **Spinat** in den Topf geben, sofort den Deckel auflegen und 30 Sekunden garen. Dann einmal wenden, den Herd ausstellen und noch kurz ziehen lassen. Vom Herd nehmen, die Spinatmischung in ein Sieb geben, das Sieb auf den Topf setzen und den Deckel auflegen. 4 Für die Sauce den **Kirschsaft** mit **Sauerkirsch-Balsamico** und **Ahornsirup** in einem kleinen Topf aufkochen und leicht mit **Salz** und **Pfeffer** würzen. Die aufgelöste **Speisestärke** einrühren und die Kirschsauce binden. Vom Herd nehmen. 5 Die pochierten Birnenspalten mit Spinat, Hähnchen und Kirschsauce auf zwei Tellern anrichten, mit den beiseitegelegten Basilikumblättern garnieren und genießen.

HÄHNCHEN-TACOS MIT TOMATENSALSA UND KNOBLAUCHCREME

ZUBEREITUNG **20 MINUTEN**

FÜR 2 PERSONEN

FÜR DIE TACOS

30 g Pinienkerne
4 Tortillas (à 30 g, Ø 15 cm; z. B. Mais-Tortillas)
180 g Hähnchenbrustfilet
½ EL Erdnussöl
6–8 mittelgroße Romanasalatblätter (insg. ca. 120 g), längs halbiert

FÜR DIE CREME

180 g griechischer Naturjoghurt (10 % Fett)
1 Knoblauchzehe
20 Minzblätter
Meersalz
frisch gemahlener schwarzer Pfeffer

FÜR DIE SALSA

1 Fleischtomate (280–300 g)
40 g Schalotte, fein gewürfelt
1 EL Olivenöl
Meersalz
frisch gemahlener schwarzer Pfeffer

1 Den Backofen auf 175 °C Umluft vorheizen. **2** Für die Tacos die **Pinienkerne** in einer Pfanne ohne Fettzugabe rösten und beiseitestellen. **3** Für die Creme den **Joghurt** in eine Schüssel geben und die **Knoblauchzehe** durch eine Knoblauchpresse hineindrücken. Zehn **Minzblätter** übereinanderlegen, in sehr feine Streifen schneiden und zugeben. Alles vermengen und die Knoblauchcreme mit **Salz** und **Pfeffer** abschmecken. **4** Die **Tortillas** in Alufolie schlagen und nach Packungsangaben im vorgeheizten Ofen aufbacken. Das dauert je nach Sorte 12–15 Minuten. **5** Währenddessen eine Grillpfanne vorheizen. Die **Hähnchenbrust** mit dem **Erdnussöl** bestreichen und in der heißen Pfanne bei mittlerer Hitze von beiden Seiten insgesamt 8–10 Minuten grillen. Dann längs in Streifen schneiden. **6** Inzwischen für die Salsa die **Tomate** mit einem Sparschäler schälen, in kleine Würfel schneiden, in ein Sieb geben und 3–4 Minuten abtropfen lassen. Die Tomatenwürfel mit den **Schalotten** in eine kleine Schüssel geben, das **Olivenöl** zugießen, die Tomatensalsa mit **Salz** und **Pfeffer** würzen und vermengen. **7** Die warmen Tortillas mit Knoblauchcreme, **Romanasalatblättern,** Hähnchen, Tomatensalsa, restlichen Minzblättern und gerösteten Pinienkernen füllen. Je zwei Tacos auf zwei Teller setzen und sofort genießen.

RINDERCARPACCIO MIT PARMESAN UND RADICCHIO

ZUBEREITUNG **20 MINUTEN**

FÜR 2 PERSONEN

260 g Rinderfilet aus dem Mittelstück, waagerecht halbiert
2 gehäufte TL Honigsenf
2–3 EL Olivenöl
50–60 g Parmesan
100 g Radicchio, in feine Streifen geschnitten
Saft von ½ Limette

AUSSERDEM

Plattiereisen oder Fleischklopfer
Frischhaltefolie
Sparschäler oder Käsehobel

1 Die **Rinderfiletstücke** jeweils zwischen zwei Lagen Frischhaltefolie oder zwischen den Lagen eines aufgeschnittenen Gefrierbeutels sehr flach klopfen. Das funktioniert am besten mit einem Plattiereisen oder einem Fleischklopfer. Dabei immer von der Mitte zum Rand hin klopfen, zwischendurch die Folie abziehen und wieder auflegen. 2 Den **Honigsenf** auf zwei Tellern verteilen und mit einem Löffel ungefähr in der Größe des plattierten Fleisches verstreichen. 3 Das Fleisch auf die Senfschicht legen und das **Olivenöl** gleichmäßig darüberträufeln. 4 Den **Parmesan** mit einem Sparschäler oder einem Käsehobel über das Fleisch hobeln. **Radicchiostreifen** auf die Mitte des Rindercarpaccios geben, mit dem **Limettensaft** beträufeln und sofort servieren.

PRO PERSON **KCAL** 698 **E** 40 G **F** 47 G **KH** 20 G

GRÜNER SPARGEL MIT AVOCADODIP, GEGRILLTEM KALBSRÜCKEN UND BIRNE

ZUBEREITUNG **20 MINUTEN**

FÜR 2 PERSONEN

FÜR DEN DIP

1 reife Avocado (250 g)
Meersalz
Saft von ½ Zitrone
2 EL Olivenöl

FÜR FLEISCH UND SPARGEL

2 Kalbsrückensteaks (à 150 g), 60 Minuten vorher aus dem Kühlschrank genommen
1 Bund grüner Spargel (500 g), im unteren Drittel geschält und 1–2 cm an den Enden abgeschnitten
Meersalz
fein gehackte Kräuter nach Wahl zum Garnieren (nach Belieben)

FÜR DIE BIRNE

1 reife Birne (250 g), halbiert und mit einem Kugelausstecher entkernt
Olivenöl

1 Für den Dip die **Avocado** längs halbieren, entkernen, dann die Haut abziehen und das Fruchtfleisch in Spalten schneiden. Zwei Avocadospalten beiseitelegen. Die restliche Avocado in einen hohen Mixbecher geben, leicht mit **Salz** würzen, **Zitronensaft** und **Olivenöl** zugeben und mit dem Stabmixer cremig mixen. 2 Für das Fleisch eine Grillpfanne vorheizen. Die **Steaks** ohne Fettzugabe hineinlegen und bei mittlerer Hitze von beiden Seiten insgesamt 4–5 Minuten grillen. Dann in Alufolie einschlagen, auf ein Holzschneidebrett legen und 5 Minuten ziehen lassen. 3 Währenddessen die **Birnen** an den Schnittflächen leicht mit etwas **Olivenöl** bestreichen, mit den Schnittseiten nach unten in die gleiche Grillpfanne geben und bei mittlerer Hitze 2 Minuten grillen. Vom Herd nehmen. 4 Parallel zum Grillen der Steaks den **Spargel** in einen breiten Topf geben, 100 g Wasser angießen und etwas **Salz** hinzufügen. Den Deckel aufsetzen, zum Kochen bringen und bei mittlerer Hitze 4–6 Minuten garen – die Garzeit richtet sich nach der Dicke der Spargelstangen. Den Deckel zwischendurch nicht abnehmen. Den Spargel abgießen. 5 Die Kalbsrückensteaks auf zwei Teller legen, Spargel, Avocadospalten und gegrillte Birnenhälften mit dem Avocadodip daneben anrichten und nach Belieben mit **Kräutern** garniert servieren.

KOHLRABIRISOTTO MIT RINDERHACKFLEISCH

ZUBEREITUNG **20 MINUTEN**

FÜR 2 PERSONEN

25 g Pinienkerne
2 Kohlrabi (insg. 750–800 g)
1 EL Kokosöl
2 Zweige Rosmarin, Nadeln fein gehackt
250 g Rinderhackfleisch
80 g Schalotten, fein gewürfelt
170 g Gemüsebrühe
120 g Sahne
1 TL Speisestärke, mit 2–3 EL kaltem Wasser angerührt
30 g Parmesan, fein gerieben
Meersalz
frisch gemahlener schwarzer Pfeffer
4–5 Radieschen (insg. 60–75 g), klein gewürfelt
30 g Rucola, grob gehackt

1 Die **Pinienkerne** in einer Pfanne ohne Fettzugabe anrösten und beiseitestellen. 2 Die **Kohlrabi** schälen, in dünne Scheiben schneiden, die Scheiben in Streifen schneiden und diese wiederum in 4–5 mm große Würfel schneiden. 3 Das **Kokosöl** in einem Topf erhitzen. Die Kohlrabiwürfel mit dem **Rosmarin** zugeben und bei hoher Hitze unter Rühren 3–4 Minuten anbraten. 4 Das **Rinderhackfleisch** mit den **Schalotten** zugeben und 2 Minuten mitbraten, dabei zwischendurch gut durchrühren. Die Pinienkerne zugeben, mit der **Gemüsebrühe** ablöschen und aufkochen. Den Deckel aufsetzen und bei mittlerer Hitze 4–5 Minuten köcheln lassen. 5 Die **Sahne** zugießen, aufkochen, die aufgelöste **Speisestärke** einrühren und binden, sodass eine cremige Konsistenz entsteht. Vom **Parmesan** 1 EL abnehmen und zum Garnieren beiseitestellen. Restlichen Parmesan zum Risotto geben, vermengen und mit **Salz** und **Pfeffer** abschmecken. 6 Das Risotto auf zwei tiefe Teller verteilen, mit **Radieschen** und **Rucola** bestreuen, mit dem beiseitegestellten Parmesan garnieren und servieren.

PRO PERSON **KCAL** 529 **E** 56 G **F** 24 G **KH** 16 G

BLUMENKOHL AUS DEM OFEN MIT RINDERFILET UND JOHANNISBEER-VINAIGRETTE

ZUBEREITUNG **30 MINUTEN**

FÜR 2 PERSONEN

FÜR DEN KOHL

1 mittelgroßer Blumenkohl (900 g)
Meersalz
40 g Olivenöl
½ Kästchen Gartenkresse, abgeschnitten

FÜR DAS FLEISCH

5–6 Zweige Thymian, Blätter abgezupft
Meersalz
300 g Rinderfilet (am besten aus dem Mittelstück), waagerecht halbiert und 60 Minuten vor dem Braten aus dem Kühlschrank genommen
1 TL Butterschmalz
2 Rispen Rote Johannisbeeren zum Garnieren

FÜR DIE VINAIGRETTE

3 EL Johannisbeer-Balsamico oder anderer fruchtiger Essig
2 EL Olivenöl
50 g Schalotte, fein gewürfelt
1 EL Ahorn- oder Reissirup
Meersalz
frisch gemahlener schwarzer Pfeffer

1 Den Backofen auf 180 °C Umluft vorheizen. Ein Backblech mit Backpapier auslegen. 2 Für den Kohl den **Blumenkohl** waschen, putzen und in sehr kleine Röschen zerteilen oder schneiden. In eine Schüssel geben und mit etwas **Salz** bestreuen. Das **Olivenöl** darüberträufeln und gut vermengen. 3 Den Blumenkohl auf dem vorbereiteten Backblech verteilen und im vorgeheizten Ofen 20 Minuten garen. 4 Währenddessen für das Fleisch die **Thymianblätter** mit ¼ TL **Salz** sehr fein hacken und die **Rinderfiletstücke** darin wälzen. 5 Eine Pfanne vorheizen. Das **Butterschmalz** zugeben und heiß werden lassen. Die Filetstücke hineingeben und bei mittlerer Hitze von beiden Seiten insgesamt 5–6 Minuten braten. Dann das Fleisch in Alufolie einschlagen, auf ein Holzschneidebrett legen, eine Edelstahlschüssel darüberstülpen und 8–9 Minuten ruhen lassen. 6 Inzwischen für die Vinaigrette alle **Zutaten** miteinander verrühren und mit **Salz** und **Pfeffer** würzen. 7 Den Blumenkohl aus dem Ofen nehmen. Die Vinaigrette auf zwei Teller geben und die Rinderfilets mit dem Kohl darauf anrichten. Die **Gartenkresse** darüberstreuen, mit den **Johannisbeerrispen** garnieren und servieren.

GURKENSTREIFEN UND POCHIERTE HÄHNCHENBRUST AUF LIMETTEN-JOGHURT-SAUCE

ZUBEREITUNG **18–20 MINUTEN**

FÜR 2 PERSONEN

FÜR DAS HÄHNCHEN

1 Biolimette, in Scheiben geschnitten
2 Stängel Kräuter (z. B. Petersilie oder Estragon, Kerbel oder Basilikum)
Meersalz
100 g kohlensäurehaltiges Mineralwasser
180–200 g Hähnchenbrustfilet

FÜR DAS GEMÜSE

½ TL Kokosöl
1 Bund Frühlingszwiebeln (150 g), geputzt
2 Minisalatgurken (à 100–120 g)
Sprossen oder Kräuter nach Wahl (z. B. Gartenkresse, Radieschensprossen, Basilikum- oder Estragonblätter) zum Garnieren

FÜR DIE SAUCE

200 g griechischer Naturjoghurt (10 % Fett)
Saft von ½ Limette
Meersalz
frisch gemahlener schwarzer Pfeffer

1 Für das Hähnchen **Limettenscheiben** und **Kräuter** mit etwas **Salz** in einen Topf geben und das **Mineralwasser** zugießen. Den Deckel aufsetzen, aufkochen, das **Hähnchenfleisch** zugeben und bei mittlerer Hitze 4 Minuten garen. Dann vom Herd nehmen und das Hähnchenfleisch noch 10 Minuten im Topf gar ziehen lassen, dabei den Deckel zwischendurch nicht abnehmen. 2 Währenddessen für das Gemüse das **Kokosöl** in einer großen Pfanne erhitzen. Die **Frühlingszwiebeln** darin bei mittlerer Hitze 3–4 Minuten braten, dabei gelegentlich wenden. 3 Inzwischen für die Sauce **Joghurt** und **Limettensaft** in einer Schüssel vermengen und mit **Salz** und **Pfeffer** abschmecken. 4 Die **Gurken** waschen, längs halbieren und dann der Länge nach in jeweils drei bis vier Spalten schneiden. 5 Die Limetten-Joghurt-Sauce auf zwei Teller verteilen und die Gurkenspalten daraufgeben. Die pochierte Hähnchenbrust aus dem Sud nehmen, längs aufschneiden und mit den gebratenen Frühlingszwiebeln auf dem Saucenspiegel anrichten. Mit **Sprossen** oder **Kräutern** garnieren und servieren.

PRO PERSON **KCAL** 392 **E** 39 G **F** 25 G **KH** 1 G

GEFÜLLTE PORTOBELLOPILZE MEDITERRANE ART

ZUBEREITUNG **15 MINUTEN** BACKZEIT **30–35 MINUTEN**

FÜR 2 PERSONEN

2 Portobellopilze (große Zuchtchampignons; à ca. 150 g)
230 g Rindfleisch aus der Hüfte, klein geschnitten und gut gekühlt
60 g scharf eingelegte, entsteinte grüne Oliven
60 g Parmesan, in kleine Stücke geschnitten
1 TL getrocknete italienische oder französische Kräuter
Meersalz
2 EL Olivenöl
fein gehackte Petersilie zum Garnieren

1 **Portobellopilze** putzen und die Stiele herausschneiden. 2 Die Pilzstiele mit **Fleisch, Oliven, Parmesan** und **Kräutern** im elektrischen Zerhacker mit dem Pulsmodus zerkleinern. Am besten den Zerhacker auf höchste Stufe stellen und immer nur einen kurzen Puls geben, dabei 21, 22, 23 zählen, loslassen und erneut hacken. Das Ganze so oft wiederholen, bis eine schöne Hackfleischkonsistenz entstanden ist. Die Masse nach Geschmack eventuell leicht **salzen.** 3 Jeweils 1 EL **Olivenöl** auf den Lamellen der Pilzköpfe verteilen und nur leicht **salzen.** Die Fleischmasse gleichmäßig in die beiden Pilze füllen, in eine mit Backpapier ausgelegte Auflaufform setzen und in den kalten Backofen geben. Jetzt den Backofen auf 200 °C Umluft stellen und die Pilze 30–35 Minuten garen. 4 Die fertig gebackenen Portobellopilze auf zwei Teller setzen, mit **Petersilie** garnieren und genießen.

TIPP Dazu passt ein grüner Salat oder Ofengemüse. Oder reichen Sie dazu etwas Brot oder auch nur ein Schälchen Joghurt. Geviertelt eignen sich die gefüllten Portobellopilze auch super als Tapas-Appetithäppchen.

GEGRILLTE ZUCCHINI MIT VITELLO-HACKBÄLLCHEN

ZUBEREITUNG **30–35 MINUTEN**

FÜR 2 PERSONEN

FÜR ZUCCHINI UND GARNIERUNG

2 Zucchini (à ca. 250 g)
Meersalz
3–4 Cocktailtomaten, halbiert
Basilikumblätter zum Garnieren
1 EL helle ungeschälte Sesamsaat, geröstet

FÜR DIE BÄLLCHEN

200 g Kalbshackfleisch (beim Metzger frisch gewolft)
180 g Thunfisch in Öl aus der Dose
1–2 EL Paniermehl, Pankomehl oder fein gemahlene Mandeln
½ TL edelsüßes Paprikapulver
Meersalz
frisch gemahlener schwarzer Pfeffer

FÜR DEN DIP

200 g griechischer Naturjoghurt (10 % Fett)
50 g Tahin (Sesampaste)
Saft von ½ Zitrone
1 TL frisch gehackte Thymianblätter

1 Den Backofen auf 160 °C Umluft vorheizen. Ein Backblech mit Backpapier auslegen. 2 Die beiden **Zucchini** waschen, putzen und längs in jeweils vier Scheiben schneiden. Auf ein kleines Backblech geben, leicht mit **Salz** bestreuen und etwa 15 Minuten ziehen lassen. 3 In der Zwischenzeit für die Bällchen **Kalbshackfleisch** und **Thunfisch** samt Öl in einer Küchenmaschine mit dem Flachrührer vermengen. **Paniermehl, Paprikapulver,** etwas **Salz** und **Pfeffer** zugeben und gut durcharbeiten. Alternativ die Zutaten in eine Schüssel geben und mit den Händen vermengen. 4 Aus der Fleischmasse mit feuchten Händen 16–20 Bällchen formen, auf das vorbereitete Backblech geben und im vorgeheizten Ofen 15 Minuten garen. 5 Inzwischen für den Dip alle **Zutaten** in eine Schüssel geben und miteinander vermengen. Dann in eine Servierschale füllen. 6 Eine Grillpfanne vorheizen. Die Zucchinischeiben mit Küchenpapier trocken tupfen und in der heißen Pfanne ohne Fettzugabe bei mittlerer Hitze von beiden Seiten jeweils 3–4 Minuten grillen. 7 Gegrillte Zucchinischeiben mit Vitello-Hackbällchen, **Tomaten** und **Basilikum** auf zwei Tellern anrichten und mit dem **Sesam** bestreuen. Dazu den Dip servieren.

SOMMERGERICHTE MIT FISCH UND MEERESFRÜCHTEN

PRO PERSON **KCAL** 207 **E** 25 G **F** 5 G **KH** 11 G

PAK CHOI MIT SAIBLING ASIA-STYLE

ZUBEREITUNG **20 MINUTEN**

FÜR 2 PERSONEN

FÜR DIE SAUCE

2–3 Knoblauchzehen
60 g Sojasauce (siehe Tipp)
je 1 frische rote und gelbe Chilischote, halbiert, entkernt und fein gewürfelt
1 EL helle ungeschälte Sesamsaat
50 g Ingwerwurzel, geschält und sehr fein gewürfelt
Saft von 1 Limette
1 EL Hoisin-Sauce oder Reissirup

FÜR GEMÜSE UND FISCH

300 g Mini-Pak-Choi
2 EL Erdnussöl
Meersalz
200 g Saibling, Gräten entfernt, Fisch in 2 gleich große Stücke geschnitten

(1) Für die Sauce die **Knoblauchzehen** mit der Knoblauchpresse in eine Schüssel drücken. Die restlichen **Zutaten** zugeben und alles verrühren. (2) Für das Gemüse den **Pak Choi** waschen und der Länge nach halbieren. Eine große Pfanne oder einen Wok vorheizen. 1 ½ EL **Erdnussöl** zugeben und heiß werden lassen. Den Pak Choi darin bei mittlerer Hitze gut 5 Minuten garen, dabei zwischendurch wenden. Dann leicht mit **Salz** würzen. (3) Inzwischen für den Fisch das restliche **Erdnussöl** in einer anderen Pfanne erhitzen. Den **Saibling** mit der Hautseite in die Pfanne geben und 2 Minuten bei niedriger Hitze garen, dann wenden und noch 20–30 Sekunden auf der anderen Seite braten. (4) Den Saibling mit Pak Choi und Sauce auf zwei Tellern anrichten und genießen. Das ist eine super Kombi, einfach und voller Geschmack!

TIPP Anstelle des Saiblings kann man auch Lachsforelle oder Eismeerforelle nehmen. Als Sojasauce macht sich Ketjap Manis, eine indonesische Sojasauce, sehr gut.

PRO PERSON **KCAL** 452 **E** 35 G **F** 26 G **KH** 13 G

laktosefrei, glutenfrei

CEVICHE VOM THUNFISCH MIT AVOCADO

ZUBEREITUNG **30 MINUTEN**

FÜR 2 PERSONEN

FÜR DEN CEVICHE

200 g frischer Biothunfisch (alternativ Wildlachs, Forelle, Zander oder Kabeljau oder auch eine Mischung aus verschiedenen Fischen)
Saft von 1 Zitrone (25–30 g)
abgeriebene Schale von ¼ Biozitrone (siehe Tipp auf Seite 81)
1 frische rote Chilischote
2–3 Stängel Dill
1 reife Avocado (250 g)
1 EL Olivenöl
Meersalz
frisch gemahlener schwarzer Pfeffer

FÜR DAS GEMÜSE

1 Brokkoli (ca. 500 g)
Meersalz

1 Den **Fisch** in schöne kleine Würfel schneiden und in eine Glas- oder Porzellanschüssel geben. Den **Zitronensaft** darüberträufeln und mit der **Zitronenschale** bestreuen. Alles gut miteinander vermengen und 15 Minuten ziehen lassen. 2 Währenddessen die **Chilischote** entkernen und fein würfeln. Dann den **Dill** waschen, trocken tupfen und hacken. Die **Avocado** längs halbieren, entkernen, vierteln, die Schale abziehen und das Fruchtfleisch klein würfeln. Nach der Marinierzeit Chilischote, Dill und Avocado zum Fisch geben, das **Olivenöl** darüberträufeln, mit **Salz** und etwas **Pfeffer** würzen und gut vermengen. 3 Den **Brokkoli** waschen, die Röschen abtrennen, den Stiel schälen und in Stücke schneiden. In einen Topf geben, 100 g Wasser und etwas **Salz** zugeben, den Deckel auflegen und aufkochen. Dann bei mittlerer Hitze 6–8 Minuten garen. 4 Brokkoli auf zwei Teller verteilen, den Ceviche daneben anrichten und servieren.

TIPP Bestreuen Sie den Brokkoli mit etwas geröstetem Sesam.

FISCH-TACOS MIT CHILI-LIMETTEN-SCHMAND-DIP

ZUBEREITUNG **20 MINUTEN**

FÜR 2 PERSONEN

FÜR DIE TACOS

4 Tortillas (à 30 g, Ø 15 cm) oder 3 Vollkorn-Chapati (à 40 g)
½ EL Butterschmalz
300 g fester weißfleischiger Fisch (z. B. Rotbarsch), halbiert
Meersalz
6–8 mittelgroße Romanasalatblätter (insg. ca. 120 g), längs halbiert
je ½ rote und gelbe Paprikaschote (à 100–120 g), in dünne Streifen geschnitten
½ Minisalatgurke (50–60 g), in lange Streifen geschnitten

FÜR DEN DIP

200 g Schmand
1 frische rote Chilischote, entkernt und fein gewürfelt
Saft von 1 Limette
Meersalz
frisch gemahlener schwarzer Pfeffer

1 Den Backofen auf 175 °C Umluft vorheizen. **2** Für die Tacos die **Tortillas** in Alufolie schlagen und nach Packungsangaben (wichtig!) im vorgeheizten Ofen aufbacken (siehe Tipp). Das dauert je nach Sorte 12–15 Minuten. **3** In der Zwischenzeit für den Dip den **Schmand** mit **Chiliwürfeln** und **Limettensaft** verrühren, mit **Salz** und **Pfeffer** würzen und beiseitestellen. **4** Das **Butterschmalz** in einer Pfanne erhitzen. Den **Fisch** leicht **salzen** und im heißen Fett bei mittlerer Hitze von beiden Seiten insgesamt 4–5 Minuten garen. **5** Die Hälfte des Dips mittig auf die Tortillas streichen. **Romanasalatblätter, Paprika, Gurken** und Fisch daraufschichten. Den restlichen Dip dazugeben und aufrollen. **6** Die Fisch-Tacos nach Belieben halbieren, auf zwei Tellern anrichten und servieren.

TIPP Wenn Tortillas zu lange erhitzt wurden oder nach dem Backen zu lange liegen bleiben, können sie schnell trocken werden, deshalb sollte man sich genau an die Angaben auf der Verpackung halten.

GARNELEN MIT REIS, GRANATAPFEL UND GRÜNEM APFEL

ZUBEREITUNG **25 MINUTEN**

FÜR 2 PERSONEN

FÜR REIS UND GARNELEN

50 g Basmatireis
Meersalz
1 EL Erdnussöl
8 biozertifizierte Riesengarnelen ohne Kopf, ausgelöst und Darmfäden entfernt
1 Minisalatgurke (100–120 g), längs geviertelt, entkernt und gewürfelt
1 grüner Delicious-Apfel (200 g), entkernt und in dünne Scheiben gehobelt
2 Biozitronenspalten
6–8 Basilikumblätter

FÜR DIE VINAIGRETTE

1 Granatapfel (ca. 400 g)
80 g Schalotten, fein gewürfelt
1–2 EL Ahornsirup
2–3 EL Oliven- oder Arganöl
Meersalz
frisch gemahlener schwarzer Pfeffer

1 Den **Basmatireis** mit Wasser und etwas **Salz** nach Packungsangaben zubereiten. 2 Während der Reis gart, für die Vinaigrette den **Granatapfel** halbieren und von einer Hälfte den Saft auspressen. Aus der anderen Hälfte die Granatapfelkerne durch Klopfen mit einem Löffel herauslösen. Granatapfelsaft, Granatapfelkerne, **Schalotten, Ahornsirup** und **Olivenöl** in einer Schüssel verrühren und leicht mit **Salz** und **Pfeffer** würzen. 3 Für die Garnelen eine beschichtete Pfanne vorheizen. Das **Erdnussöl** hineingießen und heiß werden lassen. Die **Riesengarnelen** darin bei mittlerer Hitze von beiden Seiten 2 Minuten braten. In eine Schüssel geben, die Pfanne zurück auf den Herd stellen und die **Gurkenwürfel** darin ohne weitere Fettzugabe 1 Minute braten. Dann die Garnelen zurück in die Pfanne geben. 4 Den Reis mit **Apfelscheiben** und **Zitronenspalten** auf den Tellern anrichten. Die Garnelen mit den Gurken dazugeben, die Vinaigrette darüber verteilen und mit **Basilikum** garniert servieren.

PRO PERSON **KCAL** 394 **E** 26 G **F** 25 G **KH** 14 G

FISCH MIT GRÜNEM GEMÜSE UND CURRYSAUCE

ZUBEREITUNG **15–20 MINUTEN**

FÜR 2 PERSONEN

FÜR DAS GEMÜSE

Meersalz
100 g grüne Bohnen, in 2–3 cm lange Stücke geschnitten
70 g Kaiserschoten, geputzt
1 EL Kokosöl
130 g Zwiebeln, in Scheiben geschnitten
150 g Romanasalat, in grobe Stücke geschnitten
140 g Sahne
1 EL Currypulver
1 Prise Chiliflocken

FÜR DEN FISCH

1 TL Kokosöl
200 g weißfleischiger Fisch (z. B. Zander, Seelachs, Kabeljau), Haut und Gräten entfernt und Fisch halbiert

1 Für das Gemüse leicht **gesalzenes** Wasser in einem Topf zum Kochen bringen und eine Schüssel mit Eiswasser bereithalten. Die **Bohnen** im kochenden Wasser 3 Minuten garen, mit einem Schaumlöffel herausnehmen und ins Eiswasser geben. Die **Kaiserschoten** ins kochende Wasser geben, 1 Minute kochen, abgießen und ebenfalls ins Eiswasser geben. Das Gemüse nach 1–2 Minuten in ein Sieb abgießen und abtropfen lassen. 2 Einen Wok oder eine Pfanne gut vorheizen. Das **Kokosöl** hineingeben und heiß werden lassen. Die **Zwiebeln** zugeben und 3 Minuten anschwitzen. 3 Die Zwiebeln leicht mit **Salz** würzen, Bohnen und Kaiserschoten hinzufügen und kurz garen. Dann den **Romanasalat** einrühren, die **Sahne** angießen, das **Currypulver** darüberstreuen und vermengen. Gut 1 Minute kochen lassen, dann mit **Chiliflocken** und **Salz** abschmecken. 4 Parallel zur Gemüsegarzeit für den Fisch das **Kokosöl** auf mittlerer Stufe in einer Pfanne erhitzen. Die **Fischstücke** hineingeben und von beiden Seiten jeweils 2–3 Minuten braten. 5 Den gebratenen Fisch mit grünem Gemüse und Currysauce auf zwei Tellern anrichten und servieren.

WELTKLASSE-FLAMMKUCHEN MIT LACHS

ZUBEREITUNG **15–20 MINUTEN** RUHEZEIT **15 MINUTEN** BACKZEIT **10 MINUTEN**

FÜR 2 PERSONEN

FÜR DEN TEIG

100 g Dinkelmehl (Type 630)
½ TL Salz
1 EL Olivenöl

FÜR DEN BELAG

100 g Magerquark
100 g Crème fraîche
1 Eigelb (Größe M)
1 EL Olivenöl
10 g Dinkelmehl (Type 630)
Meersalz
200 g Lauch (nur weiße Teile), in dünne Ringe geschnitten

ZUM SERVIEREN

180 g geräucherter Lachs, klein geschnitten

AUSSERDEM

hitzebeständiges Backpapier
Nudelholz

1 Einen Brotbackstein oder Pizzastein auf der mittleren Schiene platzieren, alternativ ein umgedrehtes Backblech auf die mittlere Schiene schieben, und den Backofen mindestens 20 Minuten auf 250 °C Ober-/Unterhitze vorheizen. 2 Für den Teig das **Dinkelmehl** mit dem **Salz** in eine Schüssel oder auf die Arbeitsfläche geben, eine Mulde hineindrücken, **Olivenöl** und 50 g Wasser hineingießen, vermengen und gut durchkneten, bis der Teig sich schön zu einer Kugel formen lässt. Mit einem Küchentuch abdecken und 15 Minuten ruhen lassen – das ist wichtig. 3 Für den Belag **Magerquark, Crème fraîche, Eigelb, Olivenöl** und **Dinkelmehl** in eine Schüssel geben und mit einem Schneebesen gut durchrühren, dann etwas **Salz** in die Creme einarbeiten. 4 Den Teig am besten auf einem Bogen hitzebeständigem Backpapier mit einem Nudelholz sehr dünn ausrollen, sodass ein etwa 28 × 28 cm großes Rechteck entsteht. 5 Die Quarkcreme gleichmäßig und bis zum Rand auf dem Teig verteilen, die **Lauchringe** etwas auseinanderzupfen und darauf verteilen. Den Flammkuchen mit dem Backpapier und mithilfe eines Backblechs auf den heißen Stein oder auf das heiße Backblech im Ofen ziehen und 10 Minuten knusprig backen. 6 Herausnehmen, in Stücke schneiden und genießen. Den klein geschnittenen **Räucherlachs** dazu servieren.

VEGETARISCHE SOMMERGERICHTE

LAUCHKUCHEN MIT BROKKOLIBODEN

ZUBEREITUNG **15–25 MINUTEN** BACKZEIT **55 MINUTEN**

FÜR 4 PERSONEN

FÜR DEN BODEN

500 g Brokkoli, in Röschen geschnitten
50 g Bergkäse, gerieben
1 Ei (Größe L)
Meersalz
frisch gemahlener schwarzer Pfeffer
fein gehackte Kräuter nach Wahl zum Garnieren (nach Belieben)

FÜR DEN BELAG

2 Eier (Größe L)
125 g Crème fraîche
50 g Bergkäse, gerieben
Meersalz
frisch gemahlener schwarzer Pfeffer
300 g Lauch (am besten nur weiße Teile), in Ringe geschnitten

AUSSERDEM

runde Springform (Ø 24–26 cm)

1 Den Backofen auf 200 °C Ober-/Unterhitze vorheizen. Den Boden und Rand der Springform mit Backpapier auskleiden. 2 Für den Boden den **Brokkoli** am besten im elektrischen Zerhacker zerkleinern, sodass er die Konsistenz von geriebenem Käse hat. In eine Schüssel füllen, **Bergkäse** und **Ei** zugeben, vermengen und mit **Salz** und **Pfeffer** würzen. Die Brokkolimasse in die vorbereitete Springform geben, mit einem Löffel gleichmäßig verteilen und glatt streichen. Im vorgeheizten Ofen 25 Minuten backen. 3 Für den Belag **Eier, Crème fraîche** und **Käse** vermengen und mit **Salz** und **Pfeffer** würzen. Die Form aus dem Ofen nehmen und die **Lauchringe** auf dem Brokkoliboden verteilen. Die Eiermischung darübergießen und weitere 30 Minuten im Ofen backen. 4 Den Lauchkuchen herausnehmen und etwas abkühlen lassen. Aus der Springform lösen, in Stücke schneiden und nach Belieben mit **Kräutern** garniert genießen.

TIPP Dieser Lauchkuchen schmeckt sowohl warm als auch kalt. Schneiden Sie ihn in kleine Stücke und servieren Sie diese als Tapas.

WEISSER SPARGEL MIT HOLUNDER-VINAIGRETTE UND SÜSSKARTOFFELN AUS DEM OFEN

ZUBEREITUNG **20 MINUTEN** BACKZEIT **35–40 MINUTEN**

FÜR 2 PERSONEN

FÜR DAS GEMÜSE

ca. 400 g Süßkartoffeln
2 EL Erdnussöl
Meersalz
1 kg weißer Spargel
50 g Mandelkerne

FÜR DIE VINAIGRETTE

50 g rote Zwiebel, in feine Würfel geschnitten
2 ½ EL Holunderblütensirup
35–40 g heller Essig
Meersalz
frisch gemahlener schwarzer Pfeffer
3 EL Sonnenblumenöl

1 Den Backofen auf 200 °C Umluft vorheizen. Ein Backblech mit Backpapier auslegen. 2 Für das Gemüse die **Süßkartoffeln** schälen und in Stücke schneiden. **Erdnussöl** darüberträufeln, mit etwas **Salz** würzen, vermengen und auf das vorbereitete Backblech geben. Im vorgeheizten Ofen 35–40 Minuten backen, dabei eventuell das Backblech einmal drehen. 3 In der Zwischenzeit den **Spargel** schälen und die Enden 2 cm abschneiden. In einen breiten Topf oder eine große quadratische Pfanne geben, mit etwas **Salz** würzen und 130 g Wasser angießen. Den Deckel aufsetzen, aufkochen und bei mittlerer Hitze 4–4 ½ Minuten kochen. Dann vom Herd nehmen und abgedeckt noch 1–2 Minuten ziehen lassen. 4 Inzwischen die **Mandeln** ohne Fettzugabe in einer Pfanne rösten. Vom Herd nehmen, etwas abkühlen lassen und grob hacken. Beiseitestellen. 5 Für die Vinaigrette die **Zwiebelwürfel** mit **Holunderblütensirup, Essig, Salz** und **Pfeffer** gut vermengen und erst dann das **Sonnenblumenöl** einrühren. 6 Die Süßkartoffeln aus dem Ofen nehmen. Den Spargel auf zwei Teller verteilen und mit der Vinaigrette beträufeln. Die Süßkartoffeln daneben anrichten, mit den gehackten Mandeln bestreuen und servieren.

TIPP Wer mag, gibt noch klein geschnittenen Schnittlauch, Bärlauch oder Estragon mit in die Vinaigrette.

ZUCCHINISPAGHETTI MIT RICOTTA SECCA

ZUBEREITUNG **15 MINUTEN**

FÜR 2 PERSONEN

400 g feste gelbe Zucchini
400 g feste grüne Zucchini
1 EL Kokosöl
1 großer Zweig Rosmarin, Nadeln fein gehackt
4 Frühlingszwiebeln (insg. 80 g), in Ringe geschnitten
Meersalz
frisch gemahlener schwarzer Pfeffer
60 g Ricotta secca (45 % Fett i. Tr., siehe Tipp; alternativ geriebener italienischer Hartkäse oder zerkrümelter Feta), gerieben

AUSSERDEM

Spiralschneider (alternativ Mandoline oder Gemüsehobel)

1 Die **Zucchinisorten** waschen, die Enden abschneiden und im Spiralschneider zu Spaghetti verarbeiten. 2 Einen Wok oder eine große beschichtete Pfanne gut erhitzen. **Kokosöl** und **Rosmarin** hineingeben, dann Zucchinispaghetti und **Frühlingszwiebeln** hinzufügen und alles bei hoher Hitze 2–3 Minuten garen. 3 Mit **Salz** und **Pfeffer** abschmecken und die Zucchinispaghetti auf zwei Teller verteilen. Den geriebenen **Ricotta** darüberstreuen und warm genießen.

TIPP Die Zucchinispaghetti schmecken auch kalt sehr gut. Oder machen Sie daraus einen Salat, indem Sie die Spaghetti mit etwas Zitronensaft und Olivenöl anmachen. Ricotta secca ist gesalzener Ricotta, der mehrere Monate gereift ist. Er hat eine recht feste Konsistenz und lässt sich gut reiben.

PRO PERSON **KCAL** 407 **E** 10 G **F** 2 G **KH** 84 G

REISPAPIERROLLEN MIT SALAT UND SOJASAUCENDIP

ZUBEREITUNG **15–20 MINUTEN**

FÜR 2 PERSONEN

FÜR DEN DIP

50 g Sushi-Essig
50 g helle Sojasauce
2 ½ EL Ketjap Manis (indonesische Sojasauce)
1 EL Ahornsirup
45 g Ingwerwurzel, geschält und sehr fein gewürfelt
je 1 rote und gelbe Chilischote, entkernt und fein gewürfelt

FÜR DIE ROLLEN

12 Reispapierblätter (à ca. 11 g, Ø 22 cm)
1 Miniromanasalat (60 g), Blätter längs halbiert
200 g Salatgurke, in 7–8 cm lange Stifte geschnitten
200 g Papayafruchtfleisch, in 7–8 cm lange Stifte geschnitten
1 rote Paprikaschote (200 g), entkernt und in Streifen geschnitten
1 Chicorée (120 g), längs halbiert und Blätter abgetrennt
5–6 Stängel Minze, Blätter abgezupft
½ Bund Rucola (50–60 g), gewaschen und trocken geschleudert

1 Für den Dip alle **Zutaten** in einer Schüssel verrühren, in zwei Schälchen füllen und beiseitestellen. 2 Für die Rollen ein großes Küchentuch auf der Arbeitsfläche ausbreiten. Ein **Reispapierblatt** in warmes Wasser tauchen, auf das Tuch legen und 1 Minute ziehen lassen (siehe Tipp). 3 Das Reispapierblatt auf ein Schneidebrett legen und auf das vordere Drittel des Reispapiers etwas **Romanasalat, Gurke, Papaya, Paprika, Chicorée, Minze** und **Rucola** legen. Die Reispapierseiten zur Mitte etwas einschlagen und von unten aufwickeln. Auf die gleiche Weise alle restlichen **Zutaten** zu Rollen verarbeiten. Dann die fertigen Reispapierrollen schräg aufschneiden. 4 Die Rollenstücke auf zwei Tellern anrichten, die Schälchen mit dem Sojasaucendip danebensetzen und servieren. Lecker und frisch!

TIPP Am besten nacheinander vier Reispapierblätter einweichen und auf das Tuch legen. Dann jedes Mal, wenn eines weggenommen wurde, wieder ein Reispapierblatt eintauchen und auf den leeren Platz auf das Tuch legen.

SÜSSKARTOFFELTARTE

ZUBEREITUNG **15–25 MINUTEN** BACKZEIT **55 MINUTEN**

FÜR 6–8 PERSONEN

FÜR DEN BELAG

1,2 kg Süßkartoffeln
5 Knoblauchzehen
50 g Sonnenblumenöl
1 Msp. Chiliflocken
Meersalz
frisch gemahlener schwarzer Pfeffer
250 g Ricotta (20 % Fett i. Tr.)
2 Blatt Gelatine,
10 Minuten in eiskaltem
Wasser eingeweicht
3–4 Stängel krause Petersilie

FÜR DEN BODEN

80 g Dinkelpops
(gepuffter Dinkel; alternativ 100 g
Roggen- oder Dinkel-Knäckebrot)
Meersalz
120 g Butter

AUSSERDEM

runde Springform (Ø 22 cm)

1 Den Backofen auf 200 °C Umluft vorheizen. Ein Backblech mit Backpapier auslegen und die Springform mit Backpapier auskleiden. 2 Für den Belag die **Süßkartoffeln** schälen, in Stücke schneiden und in eine Schüssel geben. **Knoblauchzehen, Sonnenblumenöl, Chiliflocken, Salz** und **Pfeffer** dazugeben und gut vermengen. Auf dem vorbereiteten Backblech verteilen und im vorgeheizten Ofen 35 Minuten garen. Ausschalten und im Ofen noch 15 Minuten ruhen lassen. Herausnehmen und abkühlen lassen. 3 Inzwischen für den Boden die **Dinkelpops** in einer Pfanne ohne Fettzugabe auf höchster Stufe 2–3 Minuten kurz rösten. Vom Herd nehmen, etwas abkühlen lassen und mit einem elektrischen Zerhacker nur kurz grob zerkleinern. (Falls Knäckebrot verwendet wird, dieses in Stücke brechen und im Zerhacker grob zerkleinern.) 4 Die Dinkelpopkrümel in eine Schüssel geben und leicht mit **Salz** würzen. Die **Butter** zerlassen, über die Krümel träufeln und vermengen. Die Masse in die vorbereitete Springform geben, andrücken und in den Kühlschrank stellen. 5 Die Süßkartoffelmischung in einen hohen Mixbecher geben und mit dem Stabmixer glatt mixen. In eine Schüssel füllen und den **Ricotta** einrühren. Die eingeweichte **Gelatine** ausdrücken, in 3 EL heißem Wasser auflösen und gut in die Masse einrühren. Die Süßkartoffelmasse in die Springform mit dem Boden füllen und 2 Stunden kalt stellen (länger ist kein Problem). 6 Zum Servieren die Tarte aus der Form lösen. Die **Petersilie** waschen, trocken tupfen, hacken, über die Süßkartoffeltarte streuen und servieren.

 PRO PERSON **KCAL** 609 **E** 17 G **F** 24 G **KH** 76 G

KICHERERBSENSTÄBCHEN MIT SÜSSKARTOFFELCREME

ZUBEREITUNG **25–30 MINUTEN** KÜHL- UND BACKZEIT **30 MINUTEN**

FÜR 2–3 PERSONEN

FÜR DIE STÄBCHEN

140 g Kichererbsenmehl
1 Msp. Chiliflocken
1 Msp. gemahlener Kreuzkümmel
1 EL Olivenöl
Meersalz
frisch gemahlener schwarzer Pfeffer
1 Ei (Größe M), mit 1 EL Wasser verquirlt
60–75 g Maisgrieß (Polenta)
2 EL Kokosöl

FÜR DIE CREME

450 g Süßkartoffeln, geschält und in Stücke geschnitten
40 g Olivenöl
Meersalz
½ EL Tahin (Sesampaste)
60–70 g Zitronensaft
1 TL Currypulver
frisch gemahlener schwarzer Pfeffer
1 TL schwarze Sesamsaat

FÜR DEN SALAT

1 Handvoll grüne Salatblätter (ca. 50 g)
1–2 EL heller milder Essig
1 EL Olivenöl
Meersalz
Kapuzinerkresseblüten oder andere essbare Blüten

AUSSERDEM

quadratische Backform oder quadratisches Backblech (20 × 20 cm)

1 Den Backofen auf 200 °C Umluft vorheizen. Die Backform mit Backpapier auskleiden und ein Backblech mit Backpapier auslegen. 2 Für die Stäbchen das **Kichererbsenmehl** in einen Topf geben und mit 100 g Wasser anrühren. Dann 650 g Wasser einrühren, **Chiliflocken, Kreuzkümmel, Olivenöl,** etwas **Salz** und **Pfeffer** zugeben und einarbeiten. Unter Rühren aufkochen, dann bei mittlerer Hitze 6–8 Minuten garen, dabei gelegentlich umrühren. 3 Die Masse in die Backform füllen, glatt streichen und 30 Minuten kalt stellen. 4 Inzwischen für die Creme die **Süßkartoffeln** mit 1 EL **Olivenöl** und etwas **Salz** vermengen, auf dem Backblech verteilen und im vorgeheizten Ofen 30 Minuten garen. 5 Die heißen Kartoffeln in einen hohen Mixbecher geben, **Tahin, Zitronensaft, Currypulver** und restliches **Olivenöl** zufügen und mit dem Stabmixer glatt mixen. Mit **Salz** und **Pfeffer** abschmecken, in eine Schale füllen und den **Sesam** darüberstreuen. 6 Das verquirlte **Ei** in einen tiefen Teller geben, den **Polentagrieß** in einen anderen tiefen Teller streuen. Die Kichererbsenmasse aus der Form stürzen und in Stäbchen schneiden. Erst durch das Ei ziehen, dann im Polentagrieß wälzen. 7 Das **Kokosöl** in einer großen Pfanne erhitzen und die Stäbchen darin von allen Seiten insgesamt 5–6 Minuten braten. 8 Währenddessen für den Salat die **Salatblätter** waschen, trocken schleudern und in eine Schüssel geben. Mit **Essig** und **Olivenöl** marinieren und eventuell leicht **salzen.** 9 Die Kichererbsenstäbchen auf zwei oder drei Teller verteilen, den Salat daneben anrichten, mit **Blüten** dekorieren und mit der Süßkartoffelcreme servieren.

TIPP Auch die Blätter der Kapuzinerkresse lassen sich verwenden: einfach nach den Kichererbsenstäbchen in der Pfanne braten – köstlich! Man kann die Süßkartoffeln auch über heißem Wasserdampf garen, aber dann ist die Creme nachher nicht so geschmackvoll.

SÜSSKARTOFFELFÄCHER AUS DEM OFEN MIT RUCOLADIP

ZUBEREITUNG **15 MINUTEN** BACKZEIT **45–50 MINUTEN**

FÜR 2 PERSONEN

FÜR DAS GEMÜSE

1 kg (ca. 8 kleinere) Süßkartoffeln
250 g Schalotten
4 EL Sonnenblumenöl
Meersalz
1 Knoblauchknolle

FÜR DEN DIP

50 g zimmerwarmer Naturjoghurt (3,5 % Fett)
1 TL zimmerwarmer Honigsenf
15 g Rucola, gewaschen und trocken geschleudert
90 g zimmerwarmes Sonnenblumenöl
Meersalz
frisch gemahlener schwarzer Pfeffer

1 Den Backofen auf 220 °C Umluft vorheizen. Ein Backblech mit Backpapier auslegen. 2 Für das Gemüse die **Süßkartoffeln** schälen und in gleichmäßig schmalen Abständen tief einschneiden, aber nicht durchschneiden (siehe Tipp). Die **Schalotten** schälen. Süßkartoffeln und Schalotten in eine Schüssel geben, 3 EL **Sonnenblumenöl** darüberträufeln und einreiben. Mit **Salz** würzen und auf dem vorbereiteten Backblech verteilen. 3 Das spitze Ende der **Knoblauchknolle** abschneiden, mit dem restlichen **Öl** beträufeln und mit auf das Backblech setzen. In den vorgeheizten Ofen schieben, die Temperatur auf 200 °C reduzieren und 45–50 Minuten backen, dabei nach 25–30 Minuten das Gemüse mit Alufolie abdecken. 4 Inzwischen für den Dip den **Joghurt** mit **Honigsenf** und **Rucola** in einen hohen Mixbecher geben und mit dem Stabmixer gut durchmixen. Dann das **Sonnenblumenöl** in einem dünnen Strahl hinzugeben und einmixen. Zum Schluss den Dip mit **Salz** und **Pfeffer** abschmecken. 5 Die Süßkartoffeln mit Schalotten und Rucoladip auf zwei Tellern anrichten. Die Knoblauchzehen aus den Schalen drücken, dazugeben und genießen.

TIPP Um die Süßkartoffeln gleichmäßig einzuschneiden, aber nicht durchzuschneiden, legt man am besten einen Holzlöffel hinter die Kartoffel aufs Schneidebrett und schneidet dann mit einem großen Messer. Der Holzlöffel verhindert als Grenze, dass man die Kartoffeln versehentlich durchschneidet. Wer mag, serviert das Gericht zusätzlich mit etwas Rucola.

vegetarisch, glutenfrei

PRO PERSON **KCAL** 775 **E** 25 G **F** 56 G **KH** 38 G

LAUWARMER LINSENSALAT MIT GELBER BETE, AVOCADO UND FETA

ZUBEREITUNG **20 MINUTEN**

FÜR 2 PERSONEN

FÜR AVOCADO UND KÄSE

150 g Feta
1 reife Avocado (250 g)
1 Passionsfrucht (40 g)
12 g Olivenöl
12 g Ahorn- oder Reissirup

FÜR DIE BETE

180 g Gelbe Beten
2 EL heller milder Balsamico-Essig
Meersalz
frisch gemahlener schwarzer Pfeffer
2 EL Olivenöl
½ Kästchen Gartenkresse, abgeschnitten

FÜR DEN LINSENSALAT

2 EL Olivenöl
1 Zweig Rosmarin, Nadeln gehackt
60 g Zwiebel, fein gewürfelt
1 Dose Linsen (240 g Einwaage), abgetropft
Meersalz
frisch gemahlener schwarzer Pfeffer

1 Den Backofen auf 200 °C Umluft mit Grillfunktion vorheizen. 2 Für Avocado und Käse den **Feta** halbieren. Die **Avocado** längs halbieren, entkernen, vierteln und die Haut abziehen. Feta und Avocadostücke in eine kleine Auflaufform geben. 3 Die **Passionsfrucht** halbieren, das Fruchtfleisch mit einem Löffel herauslösen und in eine kleine Schüssel geben. **Olivenöl** und **Ahornsirup** zufügen und vermengen. Die Mischung über den Inhalt der Auflaufform geben und im vorgeheizten Ofen 12–15 Minuten garen. 4 Währenddessen für die Bete die **Gelben Beten** schälen und auf einem Gemüsehobel in dünne Streifen hobeln. In eine Schüssel geben, den **Balsamico-Essig** darüberträufeln und vermengen. Mit **Salz** und **Pfeffer** würzen, 1 EL **Olivenöl** einrühren und 5 Minuten ziehen lassen. 5 In der Zwischenzeit für den Linsensalat das **Olivenöl** mit **Rosmarin** und **Zwiebeln** in einen Topf geben und bei mittlerer Hitze 1–2 Minuten anschwitzen. Die abgetropften **Linsen** hinzufügen und kurz garen. Dann mit **Salz** und **Pfeffer** würzen und vom Herd nehmen. 6 Die Auflaufform aus dem Ofen nehmen. Die Linsenmischung auf zwei Teller verteilen, Feta und Avocado mit den Betestreifen darauf anrichten und mit dem restlichen **Olivenöl** beträufeln. Mit der **Gartenkresse** garnieren und servieren.

AVOCADOSCHIFFCHEN MIT LINSENGEMÜSE

ZUBEREITUNG **35 MINUTEN**

FÜR 2 PERSONEN (ODER ALS VORSPEISE FÜR 4 PERSONEN)

FÜR DIE SCHIFFCHEN

140 g Puy-Linsen
2 EL Olivenöl
80 g Zwiebel, in Streifen geschnitten
3–4 Knoblauchzehen, in dünne Scheiben geschnitten
1 Zweig Rosmarin, Nadeln fein gehackt
1 Zweig Thymian, Blätter fein gehackt
1 TL Reissirup oder Ahornsirup
1 Msp. Chiliflocken
1 TL edelsüßes Paprikapulver
300 g passierte Tomaten
100 g vegane Gemüsebrühe
50 g Pinienkerne
Meersalz
2 reife Avocados (à 250 g)

FÜR DEN SALAT

1 Handvoll Feldsalat (30 g)
1–2 EL Olivenöl

1 Für die Schiffchen die **Linsen** in eine kleine Schüssel geben, kaltes Wasser zugeben und waschen. Abgießen, mit frischem Wasser füllen und die Linsen darin stehen lassen. 2 Das **Olivenöl** in einen Topf gießen, **Zwiebeln, Knoblauch, Rosmarin** und **Thymian** zugeben und bei mittlerer Hitze 4–5 Minuten anschwitzen. **Reissirup, Chiliflocken** und **Paprikapulver** hinzufügen und vermengen. 3 Die Linsen in ein Sieb abgießen, zur Zwiebelmischung geben und vermengen. **Tomaten** und **Gemüsebrühe** dazugießen, aufkochen, durchrühren, den Deckel aufsetzen und bei niedriger Hitze 25 Minuten garen. 4 Inzwischen die **Pinienkerne** ohne Fettzugabe in einer Pfanne anrösten und beiseitestellen. 5 Für den Salat den **Feldsalat** waschen und trocken schleudern. 6 Am Ende der Garzeit die Pinienkerne in das Linsengemüse einrühren und mit **Salz** abschmecken. 7 Die **Avocados** längs halbieren, entkernen, die Haut mit einem kleinen Messer abziehen und je zwei Hälften auf zwei Teller setzen. So viel von dem Linsengemüse in die Avocadohälften füllen, wie hineinpasst, den Rest in eine Schale geben und mitservieren. Den Salat neben den Avocadoschiffchen anrichten, mit **Olivenöl** beträufeln und genießen.

TIPP Sie können das leckere Linsengemüse auch super als Bolognesesauce zu Gemüsenudeln oder anderen Nudeln servieren. Verwenden Sie, wie angegeben, Puy-Linsen, denn diese schmecken schön nussig. Geben Sie an den Salat keinen Essig, da das Linsengemüse durch die passierten Tomaten genug Säure enthält.

PRO PERSON **KCAL** 347 **E** 22 G **F** 23 G **KH** 12 G

FRITTATA MIT TOMATENSALAT

ZUBEREITUNG **25 MINUTEN**

FÜR 4 PERSONEN

FÜR DIE FRITTATA

7 Eier (Größe L)
Meersalz
frisch gemahlener schwarzer Pfeffer
300 g gekochtes gemischtes Gemüse (z. B. Kohlrabi, Blumenkohl, Spargel, Rübchen, Navetten, Erbsen oder Bohnen), klein geschnitten oder gewürfelt
100 g gekochter Reis oder klein gewürfelte Kartoffeln
200 g Ziegenkäserolle, in kleine Stücke geschnitten
20–25 Basilikumblätter
½ EL Butterschmalz

FÜR DEN SALAT

200–250 g verschiedenfarbige mittelgroße Tomaten
2 EL Olivenöl
Meersalz
frisch gemahlener schwarzer Pfeffer
15–20 Basilikumblätter

AUSSERDEM

beschichtete Pfanne (Ø 26–28 cm)

1 Für die Frittata die **Eier** in eine große Schüssel geben, mit **Salz** und **Pfeffer** würzen und mit einer Gabel verquirlen. **Gemüse, Reis, Ziegenkäse** und **Basilikumblätter** zugeben und vermengen. 2 Das **Butterschmalz** in der Pfanne erhitzen. Die Frittatamasse in die Pfanne geben und bei mittlerer Hitze mit einem hitzebeständigen Silikonspatel zunächst wie Rührei in der Pfanne garen, also von einer Seite zur anderen schieben, dann die Masse glatt streichen, den Deckel aufsetzen und bei niedriger Hitze 6 Minuten garen. Vom Herd nehmen und abgedeckt weitere 6–8 Minuten gar ziehen lassen. 3 Inzwischen für den Salat die Stielansätze aus den **Tomaten** herausschneiden, die Früchte in grobe Würfel oder Stücke schneiden und in eine Schüssel geben. **Olivenöl,** etwas **Salz, Pfeffer** und **Basilikum** zugeben, alles vermengen und kurz ziehen lassen. 4 Die Frittata auf einen Teller oder eine Servierplatte stürzen, den Tomatensalat mittig darauf anrichten und servieren.

TIPP In eine Frittata kann man sehr gut klein geschnittenes gegartes Fleisch, Geflügel oder Fisch mit einarbeiten. Sie können die Frittata auch in kleine Stücke schneiden und als Tapas servieren. Wer möchte, kann die Tomaten schälen. Dazu die Früchte in kochendem Wasser 4–5 Sekunden blanchieren (nicht einschneiden!). Dann zum Abschrecken in eine Schüssel mit Eiswasser geben und die Haut abziehen – die Tomaten verlieren allerdings durch das Häuten ihre schöne Struktur.

PRO STÜCK **KCAL** 54 **E** 3 G **F** 3 G **KH** 3 G

vegetarisch, glutenfrei, einfach

AUBERGINENPIZZEN

ZUBEREITUNG **10 MINUTEN** RUHEZEIT **15 MINUTEN** BACKZEIT **20–25 MINUTEN**

ERGIBT 13–15 STÜCK

1 Aubergine (450–500 g)
Meersalz
150 g Minimozzarellakugeln
500 g Tomatenfruchtfleisch in Stücken aus dem Tetrapack
100 g Tomatenmark (mit Wurzelgemüse)
1 EL Olivenöl
2 TL getrocknete italienische Kräuter
1 Prise Chiliflocken
frisch gemahlener schwarzer Pfeffer

1 Den Backofen auf 200 °C Umluft vorheizen. Ein Backblech mit Backpapier auslegen. 2 Die **Aubergine** waschen, putzen und quer in 13–15 Scheiben schneiden. Auberginenscheiben von beiden Seiten leicht **salzen,** auf ein Backblech oder einen großen Teller legen und 15 Minuten schwitzen lassen. Das ist wichtig, damit sie später Geschmack haben. 3 Inzwischen die **Minimozzarellakugeln** auf Küchenpapier abtropfen lassen. 4 Das **Tomatenfruchtfleisch** in ein Sieb geben und den Sud in einer Schüssel auffangen, dabei das Fruchtfleisch im Sieb gut schütteln, sodass der Saft ablaufen kann (der Tomatensaft wird nicht verwendet, er kann später anderweitig verbraucht oder getrunken werden). 5 Das abgetropfte Tomatenfruchtfleisch mit **Tomatenmark, Olivenöl,** 1 TL **Kräutern, Chiliflocken,** etwas **Salz** und **Pfeffer** verrühren. 6 Die Auberginenscheiben mit Küchenpapier trocken tupfen und auf das vorbereitete Backblech legen. Die Tomatenmasse gleichmäßig auf den Scheiben verteilen und mittig ein bis zwei Mozzarellakugeln daraufsetzen. Mit den restlichen **Kräutern** bestreuen und im vorgeheizten Ofen 20–25 Minuten backen. 7 Herausnehmen, die Auberginenpizzen auf zwei Teller verteilen und servieren. Einfach köstlich!

TIPP Diese leckeren Auberginenpizzen eignen sich auch prima, um als Tapas serviert zu werden.

PRO PERSON **KCAL** 426 **E** 8 G **F** 24 G **KH** 43 G

PAPAYATARTE MIT DINKELSTREUSELN

ZUBEREITUNG **15 MINUTEN** BACKZEIT **25–30 MINUTEN**

FÜR 6–8 PERSONEN

FÜR DIE STREUSEL

300 g Dinkelmehl (Type 630)
120 g Buchweizenmehl
200 g kalte Butter, in Stücke geschnitten
4 Zweige Rosmarin, Nadeln fein gehackt
4 Knoblauchzehen, fein gehackt
4 frische rote Chilischoten, entkernt und fein gewürfelt
1 Prise Meersalz

FÜR DIE FÜLLUNG

1 ½ Papaya (600–700 g)
2 EL Olivenöl

AUSSERDEM

flache runde Backform (Ø 30–35 cm)

1 Den Backofen auf 220 °C Umluft vorheizen. Die Backform mit Backpapier auskleiden. 2 Alle **Zutaten** für die Streusel am besten in die Rührschüssel der Küchenmaschine geben und mit dem Flachrührer zu einem krümeligen Teig verarbeiten. Alternativ von Hand in einer Schüssel zu Streuseln verarbeiten. 3 Etwas mehr als die Hälfte der Streuselmasse in die vorbereitete Form geben und mit einem Löffel oder einem kleinen Teigroller in die Form drücken. 4 Für die Füllung die **Papaya** schälen, entkernen, in Scheiben schneiden und gleichmäßig auf dem Streuselboden verteilen. Das **Olivenöl** darüberträufeln und die restlichen Streusel gleichmäßig über die Papaya streuen. Im vorgeheizten Ofen 25–30 Minuten backen. 5 Aus dem Ofen nehmen und 15 Minuten abkühlen lassen. Die Papayatarte warm oder kalt servieren.

TIPP Diese leckere Tarte lässt sich gut vorbereiten und dann backen oder vorher backen und kalt servieren. Die Papayatarte eignet sich auch prima, um als Tapas serviert zu werden. Dafür die Tarte in 12–14 kleine rechteckige Stücke schneiden und als Appetithäppchen servieren.

GEFÜLLTE BETE MIT DINKELPOPS UND KÜRBISKERNEN

ZUBEREITUNG **15 MINUTEN** KOCHZEIT **60–65 MINUTEN (entfällt bei vakuumverpackten Beten)**

FÜR 2 PERSONEN

1 große oder 2 kleinere Gelbe Beten (insg. ca. 700 g; alternativ vakuumverpackte gegarte Rote Bete)
Meersalz
50 g Kürbiskerne
50 g Dinkelpops (gepuffter Dinkel)
½ Bund Frühlingszwiebeln (60 g), in Ringe geschnitten
90 g Ziegenfrischkäse
frisch gemahlener schwarzer Pfeffer
2 TL Kürbiskernöl

1 Die **Gelbe Bete(n)** waschen und in einen Topf geben. Mit Wasser bedecken, leicht **salzen** und 60–75 Minuten garen. Abgießen, auf ein kleines Blech geben und etwas abkühlen lassen. Dann die Haut abziehen. 2 Die Bete(n) halbieren und das Fruchtfleisch mit einem Löffel herauslösen, dabei je einen Rand von etwa 5 mm stehen lassen. 3 **Kürbiskerne** und **Dinkelpops** in eine Pfanne geben, ohne Fettzugabe anrösten und vom Herd nehmen. 4 Jeweils 2 EL Kürbiskerne und Dinkelpops zum Garnieren beiseitestellen. Von den **Frühlingszwiebeln** ebenfalls 2 EL beiseitestellen. 5 Ausgehöhltes Betenfruchtfleisch mit den restlichen **Frühlingszwiebeln,** Kürbiskernen und Dinkelpops sowie **Ziegenkäse,** etwas **Salz** und **Pfeffer** in den Zerhacker geben und hacken. 6 Die Füllung in die ausgehöhlten Betenhälften geben und auf zwei Teller setzen. Mit den beiseitegestellten Kürbiskernen, Dinkelpops und Frühlingszwiebeln bestreuen und mit dem **Kürbiskernöl** beträufeln.

TIPP Kochen Sie Beten in größeren Mengen und bewahren Sie diese nach dem Kochen gepellt im Kochsud im Kühlschrank auf. So halten sie sich 3–4 Wochen.

PRO PERSON **KCAL** 561 **E** 28 G **F** 39 G **KH** 22 G

GEBRATENER ZIEGENKÄSE AUF SALAT VON KIRSCHEN UND RADIESCHEN

ZUBEREITUNG **10–12 MINUTEN**

FÜR 2 PERSONEN

FÜR DEN SALAT

2–3 EL Sauerkirsch-Balsamico oder anderer Balsamico-Essig
1 EL Ahorn- oder Reissirup
Meersalz
frisch gemahlener schwarzer Pfeffer
2 EL qualitativ hochwertiges Sonnenblumenöl
50 g rote Zwiebel, in Scheiben geschnitten
250 g Kirschen, entsteint
½ Bund Radieschen (ca. 100 g), geviertelt
½ Kästchen Gartenkresse, abgeschnitten

FÜR DEN KÄSE

½ EL Sonnenblumenöl
2 große Scheiben gereifte Ziegenkäserolle (à 120 g)

1 Für den Salat **Balsamico-Essig** und **Ahornsirup** in eine Schüssel geben, mit **Salz** und **Pfeffer** würzen, dann das **Sonnenblumenöl** einrühren. 2 **Zwiebeln, Kirschen, Radieschen** und die Hälfte der **Gartenkresse** zugeben, vermengen und abschmecken. 3 Für den Käse das **Sonnenblumenöl** in einer beschichteten Pfanne erhitzen. Den **Ziegenkäse** zugeben und bei mittlerer Hitze von jeder Seite 1–2 Minuten braten – der Käse sollte eine schöne Kruste bekommen. 4 Den Salat mit den Ziegenkäsescheiben auf zwei Tellern anrichten, mit der restlichen **Kresse** garnieren und genießen.

ZIEGENKÄSE MIT KRÄUTER-FELDSALAT UND JOHANNISBEER-VINAIGRETTE

ZUBEREITUNG **15 MINUTEN**

FÜR 2 PERSONEN

FÜR DEN SALAT

30–40 g Feldsalat
1–2 Stängel Minze, Blätter abgezupft
3–4 Stängel Kerbel, Blätter abgezupft
je 1 EL grüne und rote Radieschensprossen
2 Rispen Rote Johannisbeeren zum Garnieren

FÜR DEN KÄSE

1 EL gemahlener Graumohn
2 Stücke Ziegenfrischkäse (à 60 g)

FÜR DIE VINAIGRETTE

2 Rispen Rote Johannisbeeren
3 EL Johannisbeer-Balsamico oder anderer Balsamico-Essig
2 EL Sonnenblumenöl
1 EL Ahornsirup
50 g Schalotte, fein gewürfelt
2 rote oder grüne Frühlingszwiebeln (insg. 50 g), in Ringe geschnitten
Meersalz

ZUM SERVIEREN

2–3 Scheiben Brot, knusprig getoastet

1 Für den Salat den **Feldsalat** verlesen, waschen und trocken schleudern. 2 Für den Käse den **Graumohn** auf einen Teller geben und die **Ziegenfrischkäsestücke** zur Hälfte darin wälzen. 3 Für die Vinaigrette die **Johannisbeeren** von den Rispen zupfen und in eine Schüssel geben. **Johannisbeer-Balsamico, Sonnenblumenöl, Ahornsirup, Schalotten** und **Frühlingszwiebeln** hinzufügen, mit **Salz** würzen und gut verrühren. 4 Den Feldsalat mit den **Kräuterblättern** auf zwei Teller verteilen und die Johannisbeer-Vinaigrette darüberträufeln. Den Ziegenkäse daneben anrichten, mit **Radieschensprossen** und **Johannisbeerrispen** garnieren und mit dem knusprig getoasteten **Brot** servieren.

PRO PERSON **KCAL** 630 **E** 38 G **F** 20 G **KH** 29 G

ZUCCHINIRÖLLCHEN MIT RICOTTA-CASHEW-FÜLLUNG

ZUBEREITUNG **25 MINUTEN**

FÜR 2 PERSONEN

FÜR DIE RÖLLCHEN

je 1 feste gelbe und grüne Zucchini (à 150–170 g)
Meersalz
2–3 EL Olivenöl plus etwas Olivenöl zum Einreiben
1 TL Kokosöl
einige Salatblätter oder Kräuter nach Wahl zum Servieren

FÜR DIE FÜLLUNG

100 g Cashewkerne
350 g Ricotta (20 % Fett i. Tr.)
1 Kästchen Radieschenkresse, abgeschnitten
1 Stängel Estragon, Blätter gehackt
1 Stängel Basilikum, Blätter gehackt
40 g Dinkel- oder Haferkleie
Meersalz
frisch gemahlener schwarzer Pfeffer

AUSSERDEM

4 kleinere Bambusspieße oder 2 längere Holzspieße
Einwegspritzbeutel

1 Für die Röllchen beide **Zucchini** waschen, putzen und auf einem Gemüsehobel oder einer Mandoline in dünne lange Scheiben hobeln. Die Scheiben von beiden Seiten leicht **salzen** und 7–8 Minuten ziehen lassen. 2 In der Zwischenzeit für die Füllung die **Cashewkerne** in einer Pfanne ohne Fettzugabe leicht anrösten, bis sie duften. Dann am besten auf ein großes Backblech geben, damit sie schnell abkühlen. 3 Den **Ricotta** in eine Schüssel geben. **Radieschenkresse** mit **Kräutern** und **Kleie** hinzufügen. 4 Die Cashewkerne im elektrischen Zerhacker zerkleinern. Alternativ die Kerne in einen Gefrierbeutel geben und mit einem Nudelholz zerkleinern. Die Cashewkerne zum Ricotta in die Schüssel geben, alles gut vermengen und mit **Salz** und **Pfeffer** abschmecken. 5 Die Spieße mit etwas **Olivenöl** einreiben. Die Zucchinischeiben mit Küchenpapier trocken tupfen und je zwei Scheiben leicht übereinanderlappend als langen Streifen aneinanderlegen. 6 Die Füllung in den Einwegspritzbeutel geben, die Spitze abschneiden und die Füllung auf das untere Drittel der Zucchinistreifen spritzen. Dann aufrollen und auf die Spieße stecken. 7 Das **Kokosöl** in einer Pfanne erhitzen. Die Zucchiniröllchen darin bei mittlerer Hitze von beiden Seiten jeweils 2–3 Minuten braten. 8 Zum Servieren das **Olivenöl** auf zwei Teller träufeln, die Zucchiniröllchen mit **Salatblättern** oder **Kräutern** darauf anrichten und genießen.

TIPP Zu diesen leckeren Zucchiniröllchen passt geröstetes Dinkelbrot sehr gut.

SOMMER-DESSERTS

ROTES FRUCHTSORBET

ZUBEREITUNG **8 MINUTEN**

FÜR 2 PERSONEN

150 g Wassermelone, Schale abgeschnitten und gut gekühlt
130 g TK-Himbeeren
130 g TK-Erdbeeren
130 g griechischer Naturjoghurt (10 % Fett)
Saft von ½ Zitrone
2 EL Ahorn- oder Reissirup

AUSSERDEM

2 schöne gefriergeeignete Gläser

1 Die beiden gefriergeeigneten Gläser bis zum Servieren ins Gefrierfach stellen. 2 Die **Wassermelone** in Stücke schneiden und große Kerne entfernen. 3 Die Melonenstücke mit gefrorenen **Himbeeren,** gefrorenen **Erdbeeren, Joghurt, Zitronensaft** und **Ahornsirup** in den Standmixer oder Blender geben und zu einem cremigen Sorbet mixen. 4 Das Fruchtsorbet sofort in die gekühlten Gläser füllen und servieren.

TIPP Wem das Sorbet nicht süß genug ist, der kann noch etwas Ahornsirup darüberträufeln.

PRO PERSON **KCAL** 690 **E** 9 G **F** 51 G **KH** 45 G

SCHNELLES SOMMERLICHES DESSERT

ZUBEREITUNG **5 MINUTEN** KÜHLZEIT **12–15 MINUTEN**

FÜR 2 PERSONEN

200 g kernlose grüne Weintrauben
200 g kernlose rote Weintrauben
100 g Rote Johannisbeeren
2 EL Ahorn- oder Reissirup
250 g Mascarpone
50 g Orangen- oder Apfelsaft
Minzblätter zum Dekorieren

AUSSERDEM

2 schöne gefriergeeignete Dessert- oder Vorspeisenteller

1 Die beiden gefriergeeigneten Dessert- oder Vorspeisenteller bis zum Servieren ins Gefrierfach stellen. 2 **Grüne** und **rote Weintrauben** und **Johannisbeeren** waschen und gut abtropfen lassen. Die Beeren von den Stielen beziehungsweise Rispen zupfen und in eine gefrierbeständige Schüssel geben. Den **Ahornsirup** darüberträufeln und vermengen. Dann die Schüssel zum Durchkühlen 12–15 Minuten ins Gefrierfach stellen. 3 Den **Mascarpone** mit dem **Orangensaft** in eine Schüssel geben, cremig rühren und im Kühlschrank kurz kalt stellen. 4 Nach der Kühlzeit des Obstes den Orangenmascarpone auf die beiden kalten Teller verteilen. Die Beerenmischung gut durchrühren und auf dem Cremespiegel anrichten. Mit **Minzblättern** dekorieren und sofort servieren.

RICOTTADESSERT MIT APRIKOSENSAUCE

ZUBEREITUNG **15 MINUTEN** BACKZEIT **32–35 MINUTEN** KÜHLZEIT **2–3 STUNDEN**

FÜR 9 KLEINE STÜCKE

FÜR DIE CREME

350 g Ricotta (20 % Fett i. Tr.)
150 g Doppelrahmfrischkäse
2 Eier (Größe M)
150 g Reissirup
20 g Reismehl
60 g Zitronensaft
abgeriebene Schale von 1 Biozitrone (siehe Tipp auf Seite 81)

FÜR DAS TOPPING

12–15 Soft-Aprikosen
80 g kohlensäurehaltiges Mineralwasser
80 g Reissirup
Minzspitzen zum Dekorieren

AUSSERDEM

quadratische Backform (20 × 20 cm)

1 Den Backofen auf 160 °C Ober-/Unterhitze vorheizen. Die Backform mit Backpapier auslegen. 2 Für die Creme alle **Zutaten** in eine Schüssel geben und mit einem Schneebesen 2–3 Minuten gut durchrühren. Die Masse in die vorbereitete Form füllen und im vorgeheizten Ofen 32–35 Minuten backen. 3 Herausnehmen, abkühlen lassen und das Ricottadessert 2–3 Stunden im Kühlschrank kalt stellen. 4 Für das Topping die getrockneten **Aprikosen** in dünne Streifen schneiden und in einen Topf geben. **Mineralwasser** und **Reissirup** dazugeben, aufkochen und 2–3 Minuten köcheln lassen. Vom Herd nehmen und die Sauce auskühlen lassen. 5 Das Ricottadessert in Stücke schneiden und auf Teller setzen, mit der Aprikosensauce toppen, mit **Minze** dekorieren und servieren.

vegan, laktosefrei, glutenfrei, einfach

PRO PERSON **KCAL** 636 **E** 8 G **F** 30 G **KH** 76 G

GRÜNE FRÜCHTE-KALTSCHALE

ZUBEREITUNG **12–15 MINUTEN**

FÜR 2 PERSONEN

1 Honigmelone (ca. 1,4 kg)
2 grüne Kiwis (à 120 g)
1 reife Avocado (250 g)
1 Prise Meersalz
120 g Kokosmilch, gekühlt
40–50 g kohlensäurehaltiges Mineralwasser, gekühlt
25 g Zitronensaft
25 g Ahornsirup

AUSSERDEM

2 Bambusspieße

1 Die Enden der **Honigmelone** etwas abschneiden, damit die Melonenhälften später Stand haben. Mit einem Messer im Zickzackmuster die Melone halbieren (alternativ einfach mit einem großen Messer gerade halbieren). Die Melonenhälften mit einem Löffel entkernen. Dann mit dem Löffel 500–600 g Fruchtfleisch aus der Melone lösen, dabei noch so viel Fruchtfleisch stehen lassen, dass man einen schönen Rand behält. 2 Die **Kiwis** schälen und vierteln. Die **Avocado** längs halbieren, entkernen, vierteln und die Haut abziehen. Auf die beiden Bambusspieße je zwei Kiwiviertel und ein Avocadoviertel stecken und beiseitestellen. 3 Das Melonenfruchtfleisch mit den restlichen Kiwi- und Avocadovierteln sowie **Salz, Kokosmilch, Mineralwasser, Zitronensaft** und **Ahornsirup** in den Standmixer oder Blender geben und glatt mixen. Alternativ den Stabmixer verwenden. 4 Die Früchte-Kaltschale in die Melonenhälften füllen, mit den beiseitegestellten Spießen dekorieren und frisch genießen.

TIPP Durch die Avocado bekommt die Kaltschale eine sehr cremige Konsistenz. Wer den Geschmack mag, der kann noch 10 g Gerstengraspulver hinzufügen und mitmixen.

KOKOSMILCHCREME MIT HIMBEERSAUCE

ZUBEREITUNG **10 MINUTEN** KÜHLZEIT **2 STUNDEN**

FÜR 4 PERSONEN

FÜR DIE CREME

400 g cremige Kokosmilch
3 Blatt Gelatine, in kaltem Wasser 5 Minuten eingeweicht
Minzspitzen zum Dekorieren

FÜR DIE SAUCE

250 g TK-Himbeeren
3–4 EL Ahornsirup

AUSSERDEM

4 gefriergeeignete Dessertgläser

1 Die Dessertgläser mindestens 20 Minuten vor der Zubereitung ins Gefrierfach stellen. 2 Für die Creme die **Kokosmilch** in einen hohen Mixbecher geben und mit dem Stabmixer mixen. 3 50 g von der Kokosmilch abnehmen, in einen kleinen Topf geben, aufkochen und vom Herd nehmen. Die eingeweichte **Gelatine** ausdrücken und in die heiße, aber nicht mehr kochende Kokosmilch einrühren. Die Mischung in den Mixbecher zur restlichen Kokosmilch geben und mixen. 4 Die Kokosmilchmischung in die gekühlten Gläser füllen und mindestens 2 Stunden im Kühlschrank kalt stellen. 5 Für die Sauce die gefrorenen **Himbeeren** mit dem **Ahornsirup** in einen Topf geben, bei niedriger Hitze aufkochen und 5 Minuten köcheln lassen. 6 Die Himbeermasse gut verrühren und durch ein feines Sieb in eine Schüssel passieren. Die Siebrückstände entsorgen und die Fruchtsauce kalt stellen. 7 Nach der Kühlzeit der Creme die Himbeersauce auf die Kokosmilchcreme geben, mit **Minze** dekorieren und servieren. Superlecker und leicht!

TIPP Dieses Dessert schmeckt auch super am nächsten und sogar am übernächsten Tag, man kann es also sehr gut vorbereiten.

PRO PERSON **KCAL** 429 **E** 6 G **F** 13 G **KH** 66 G

MANGO-CRUMBLE

ZUBEREITUNG **10 MINUTEN** BACKZEIT **20–25 MINUTEN**

FÜR 2 PERSONEN

1 reife Mango (ca. 500 g)
1 EL Ahornsirup
60 g Dinkelmehl (Type 630)
25 g Rohrohrzucker
30 g gesalzene Butter

AUSSERDEM

2 Crème-brûlée-Schalen oder 2 flache kleine Auflaufformen

1 Den Backofen auf 200 °C Umluft vorheizen. 2 Die **Mango** schälen, entsteinen und das Fruchtfleisch in Scheiben schneiden. In die beiden Crème-brûlée-Schalen füllen und den **Ahornsirup** darüberträufeln. 3 **Dinkelmehl, Rohrohrzucker** und **Butter** in eine Schüssel geben und mit den Händen zu einem krümeligen Teig verarbeiten. Die Teigstreusel gleichmäßig über den Mangostücken verteilen. Im vorgeheizten Ofen 20–25 Minuten backen. 4 Herausnehmen, einige Minuten abkühlen lassen und die Mango-Crumbles warm servieren.

TIPP Etwas gehackte Rosmarinnadeln oder auch gehackter Zitronenthymian macht sich sehr gut im Streuselteig und unterstreicht noch mehr das Aroma der Mango. Oder geben Sie als Geschmackskick noch abgeriebene Zitronenschale dazu (siehe Tipp auf Seite 81).

GEGRILLTE ANANASSCHEIBEN MIT BIRNE, BLAUSCHIMMELKÄSE UND GERÖSTETEM PUMPERNICKEL

ZUBEREITUNG **10–12 MINUTEN**

FÜR 2 PERSONEN

4 Scheiben Pumpernickel (à 40 g)
1 rote Zwiebel, geviertelt
2 dicke Scheiben Ananas (à 80–100 g), Strunk und Schale entfernt
1 reife Birne (250 g), längs geviertelt und entkernt
100–120 g Blauschimmelkäse, grob zerkrümelt
Meersalz
1–2 EL Olivenöl

1 Die **Pumpernickelscheiben** im elektrischen Zerhacker zerkleinern. Dann in eine Pfanne geben und ohne Fettzugabe 3–4 Minuten unter Rühren knusprig rösten. Vom Herd nehmen und beiseitestellen. 2 Parallel dazu die **Zwiebeln** in eine Grillpfanne geben und 2 Minuten rösten. Dann wenden und noch weitere 2 Minuten garen. Die **Ananasscheiben** zur Zwiebel in die Pfanne geben und von beiden Seiten insgesamt 2 Minuten grillen. 3 Ananasscheiben und Zwiebelstücke auf zwei Teller verteilen. Die **Birnenviertel** daneben anrichten, dann den gerösteten Pumpernickel mit dem **Blauschimmelkäse** dazugeben. Leicht mit **Salz** bestreuen und mit dem **Olivenöl** beträufeln. Das ist richtig lecker und superschnell zubereitet.

SPANNENDER MEHRWERT: **UNSER NEUER MENGENRECHNER**

Alle Einkaufslisten in diesem Buch können Sie, wenn Sie sich auf der Seite **www.mengenrechner.de** anmelden (kostenlos!), an die Personenzahl anpassen und für den Einkauf ausdrucken, als E-Mail auf Ihr Smartphone schicken oder einfach während des Einkaufs aufrufen. Zutaten lassen sich auch mühelos streichen oder ergänzen. Sie brauchen also keine Zutatenlisten mehr abzuschreiben oder zu fotografieren.

Aber damit nicht genug: Sie können die einzelnen Nährwerte (zum Beispiel Kohlenhydrate, Fette, Eiweißgehalt, Kalorien) einsehen, Ihren tatsächlichen Energieverbrauch wissenschaftlich präzise berechnen und die Einkaufslisten vor Ihrem Einkauf daran anpassen, sogar für mehrere Personen. Auch bei der Suche nach passenden Rezepten ist der Mengenrechner eine große Hilfe. Sie können zum Beispiel gezielt Reste verwerten, indem Sie nach Rezepten mit bestimmten Zutaten suchen. Dabei können Sie auch Zutaten ausschließen, nach gluten- oder laktosefreien Rezepten suchen oder solchen mit möglichst wenig Kohlenhydraten. Vieles ist möglich!

In absehbarer Zeit werden diese Funktionen für alle anderen Kochbücher des Becker Joest Volk Verlags verfügbar sein, sodass Sie bald gleichzeitig in allen Büchern unseres Hauses suchen können. Anschauen und anmelden lohnt sich!

REZEPTREGISTER

Ananasscheiben, gegrillte, mit Birne, Blauschimmelkäse und geröstetem Pumpernickel 187
Aprikosensauce 179
Aromawasser 41
Auberginenpizzen 161
Avocadoschiffchen mit Linsengemüse 157
Avocadodip 112

Beeren-Smoothie 38
Bete, gefüllte, mit Dinkelpops und Kürbiskernen 165
Blumenkohl aus dem Ofen mit Rinderfilet und Johannisbeer-Vinaigrette 116
Bohnensalat 96
Bruschetta mit Avocado 60
Bruschetta mit Ei und Gurke 60
Bruschetta mit grünem Spargel 63
Bruschetta mit Ziegenkäse 63
Bunter Kugelsalat 89
Buttermilchsuppe, feine leichte 52

Caesar Salad 86
Carpaccio, Rinder-, mit Parmesan und Radicchio 111
Ceviche vom Thunfisch mit Avocado 129
Chili-Limetten-Schmand-Dip 130
Creme, Knoblauch- 108
Creme, Kokosmilch-, mit Himbeersauce 183
Crumble, Mango- 184
Currysauce 134

Dessert, Ricotta-, mit Aprikosensauce 179
Dessert, schnelles sommerliches 176
Dip, Avocado- 112
Dip, Chili-Limetten-Schmand- 130
Dip, Rucola- 153
Dip, Sojasaucen- 146

Ei im Glas Asia-Style 59
Ei im Glas italienische Art 59
Ei im Glas klassisch mit Senfsauce 59
Eistee, grüner 37
Eistee, Hagebutten- 37
Eistee, Hibiskus- 33
Eistee, schwarzer, mit Johannisbeersaft 33
Entenbrustscheiben auf Bohnensalat 96
Erdbeersuppe, kalte 44

Fisch mit grünem Gemüse und Currysauce 134
Fisch-Tacos mit Chili-Limetten-Schmand-Dip 130
Flammkuchen, Weltklasse-, mit Lachs 137
Frittata mit Tomatensalat 158
Früchte-Kaltschale, grüne 180
Fruchtsorbet, rotes 175

Garnelen mit Reis, Granatapfel und grünem Apfel 133
Gazpacho, grüne, mit Gurkenspieß 48
Gebratener Salat mit Spiegelei und Senfsauce 70
Gebratener Ziegenkäse auf Salat von Kirschen und Radieschen 166
Gefüllte Portobellopilze mediterrane Art 120
Gegrillte Ananasscheiben mit Birne, Blauschimmelkäse und geröstetem Pumpernickel 187
Gegrilltes grünes Gemüse mit Rosmarin-Lamm 92
Gegrillte Zucchini mit Vitello-Hackbällchen 123
Gemüse, gegrilltes grünes, mit Rosmarin-Lamm 92
Goldene Milch 34
Griechischer Salat ohne Gurke 73
Grüne Früchte-Kaltschale 180
Grüne Gazpacho mit Gurkenspieß 48
Grüner Eistee 37
Grüner Smoothie 38
Grüner Spargel mit Avocadodip, gegrilltem Kalbsrücken und Birne 112
Gurkensalat, fruchtiger 103
Gurkenstreifen und pochierte Hähnchenbrust auf Limetten-Joghurt-Sauce 119

Hackbällchen, Vitello- 123
Hagebutten-Eistee 37
Hähnchen-Tacos mit Tomatensalsa und Knoblauchcreme 108
Hibiskus-Eistee 33
Himbeersauce 183
Holunder-Vinaigrette 142

Johannisbeer-Vinaigrette 116, 169

Kaiserschoten-Kokosmilch-Suppe, lauwarme 47
Kalbsschnitzel mit fruchtigem Gurkensalat 103
Kalte Erdbeersuppe 44
Kaltschale, Früchte-, grüne 180
Kartoffel-Gurken-Salat mit Chicorée 74
Kichererbsensalat mit Kräutern 69
Kichererbsenstäbchen mit Süßkartoffelcreme 150
Kirschsauce 107
Kirsch-Shake, genialer 34
Kräuter-Perlgraupen-Salat mit Feta 81
Knoblauchcreme 108
Kohlrabirisotto mit Rinderhackfleisch 115
Kokosmilchcreme mit Himbeersauce 183
Kräuter-Perlgraupen-Salat mit Feta 81
Kugelsalat, bunter 89

Lammfilets mit roten Linsen und Mango 99
Lauchkuchen mit Brokkoliboden 141
Lauwarme Kaiserschoten-Kokosmilch-Suppe 47
Limetten-Joghurt-Sauce 119
Linsennudeln mit Erbsen und Kalbfleisch 104
Linsensalat, lauwarmer, mit Gelber Bete, Avocado und Feta 154

Mandelsuppe, pikante kalte 55
Mango-Crumble 184
Milch, goldene 34

Pak Choi mit Saibling Asia-Style 126
Papayatarte mit Dinkelstreuseln 162
Papaya-Vinaigrette 100
Portobellopilze, gefüllte, mediterrane Art 120

Quinoasalat mit gegrilltem Halloumi 66

Reispapierrollen mit Salat und Sojasaucendip 146
Ricottadessert mit Aprikosensauce 179
Rindercarpaccio mit Parmesan und Radicchio 111
Rinderfiletscheiben mit Fenchel und Papaya-Vinaigrette 100
Rindfleisch-Paprika-Spieße mit Zucchinispaghetti 95
Rotes Fruchtsorbet 175
Rucoladip 153

Salad, Caesar 86
Salade niçoise 85
Salat, Bohnen- 96
Salat Caprese für Johanna 77
Salat, gebratener, mit Spiegelei und Senfsauce 70
Salat, griechischer, ohne Gurke 73
Salat, Gurken-, fruchtiger 103
Salat, Kartoffel-Gurken-, mit Chicorée 74
Salat, Kräuter-Perlgraupen-, mit Feta 81
Salat, Kugel-, bunter 89
Salat mit Roter und Gelber Bete und panierten Austernpilzen 82
Salat, Tomaten-, mit grünen Bohnen und Kapern 78
Salat von Kirschen und Radieschen 166
Sauce, Curry- 134
Sauce, Himbeer- 183
Sauce, Kirsch- 107
Sauce, Limetten-Joghurt- 119
Schnelles sommerliches Dessert 176
Schwarzer Eistee mit Johannisbeersaft 33
Senfsauce 59, 70
Shake, Kirsch-, genialer 34
Smoothie, Beeren- 38
Smoothie, grüner 38
Sojasaucendip 146
Sorbet, Frucht-, rotes 175
Spargel, grüner, mit Avocadodip, gegrilltem Kalbsrücken und Birne 112
Spargelsuppe, eiskalte 51
Spargel, weißer, mit Holunder-Vinaigrette und Süßkartoffeln aus dem Ofen 142
Spieße, Rindfleisch-Paprika-, mit Zucchinispaghetti 95
Spinat mit pochierter Birne, Hähnchen und Kirschsauce 107
Suppe, Buttermilch-, feine leichte 52
Suppe, Erdbeer-, kalte 44
Suppe, Kaiserschoten-Kokosmilch-, lauwarme 47
Suppe, Mandel-, pikante kalte 55
Süßkartoffelfächer aus dem Ofen mit Rucoladip 153
Süßkartoffeltarte 149
Süßkartoffelcreme 150

Tacos, Fisch-, mit Chili-Limetten-Schmand-Dip 130
Tacos, Hähnchen-, mit Tomatensalsa und Knoblauchcreme 108
Tarte, Papaya-, mit Dinkelstreuseln 162
Tarte, Süßkartoffel- 149
Tomatensalat mit grünen Bohnen und Kapern 78
Tomatensalsa 108
Tomatensuppe, schnelle kalte 56

Vinaigrette, Holunder- 142
Vinaigrette, Johannisbeer- 116, 169
Vinaigrette, Papaya- 100
Vitello-Hackbällchen 123

Weißer Spargel mit Holunder-Vinaigrette und Süßkartoffeln aus dem Ofen 142
Weltklasse-Flammkuchen mit Lachs 137

Ziegenkäse, gebratener, auf Salat von Kirschen und Radieschen 166
Ziegenkäse mit Kräuter-Feldsalat und Johannisbeer-Vinaigrette 169
Zucchinispaghetti mit Ricotta secca 145
Zucchini, gegrillte, mit Vitello-Hackbällchen 123
Zucchiniröllchen mit Ricotta-Cashew-Füllung 170
Zucchinispaghetti 95, 145

GEMÜSE VON A BIS Z

Ananas
Ananasscheiben, gegrillte, mit Birne, Blauschimmelkäse und geröstetem Pumpernickel 187

Aprikose
Aprikosensauce 179

Artischocke
Griechischer Salat ohne Gurke 73

Aubergine
Auberginenpizzen 161

Avocado
Avocadoschiffchen mit Linsengemüse 157
Bruschetta mit Avocado 60
Ceviche vom Thunfisch mit Avocado 129
Grüne Früchte-Kaltschale 180
Grüner Spargel mit Avocadodip, gegrilltem Kalbsrücken und Birne 112
Lauwarmer Linsensalat mit Gelber Bete, Avocado und Feta 154
Salade niçoise 85
Avocadodip 112
Avocadoschiffchen mit Linsengemüse 157

Blumenkohl
Blumenkohl aus dem Ofen mit Rinderfilet und Johannisbeer-Vinaigrette 116
Frittata mit Tomatensalat 158

Bohnen
Entenbrustscheiben auf Bohnensalat 96
Fisch mit grünem Gemüse und Currysauce 134
Frittata mit Tomatensalat 158
Tomatensalat mit grünen Bohnen und Kapern 78
Bohnensalat 96

Brokkoli
Ceviche vom Thunfisch mit Avocado 129
Lauchkuchen mit Brokkoliboden 141

Chicorée
Kartoffel-Gurken-Salat mit Chicorée 74
Reispapierrollen mit Salat und Sojasaucendip 146

Chilischote
Ceviche vom Thunfisch mit Avocado 129
Fisch-Tacos mit Chili-Limetten-Schmand-Dip 130
Kalbsschnitzel mit fruchtigem Gurkensalat 103
Lauwarme Kaiserschoten-Kokosmilch-Suppe 47
Pak Choi mit Saibling Asia-Style 126
Papayatarte mit Dinkelstreuseln 162

Erbsen
Frittata mit Tomatensalat 158
Linsennudeln mit Erbsen und Kalbfleisch 104

Feldsalat
Grüner Smoothie 38

Fenchel
Rinderfiletscheiben mit Fenchel und Papaya-Vinaigrette 100
Schnelle kalte Tomatensuppe 56

Frühlingszwiebel
Eiskalte Spargelsuppe 51
Gefüllte Bete mit Dinkelpops und Kürbiskernen 165
Gegrilltes grünes Gemüse mit Rosmarin-Lamm 92
Gurkenstreifen und pochierte Hähnchenbrust auf Limetten-Joghurt-Sauce 119
Kalbsschnitzel mit fruchtigem Gurkensalat 103
Pikante kalte Mandelsuppe 55
Ziegenkäse mit Kräuter-Feldsalat und Johannisbeer-Vinaigrette 169
Zucchinispaghetti mit Ricotta secca 145

Gelbe Bete
Gefüllte Bete mit Dinkelpops und Kürbiskernen 165
Lauwarmer Linsensalat mit Gelber Bete, Avocado und Feta 154
Salat mit Roter und Gelber Bete und panierten Austernpilzen 82

Gurke
Aromawasser 41
Bruschetta mit Ei und Gurke 60
Bunter Kugelsalat 89
Ei im Glas klassisch mit Senfsauce 59
Fisch-Tacos mit Chili-Limetten-Schmand-Dip 130
Garnelen mit Reis, Granatapfel und grünem Apfel 133
Gegrilltes grünes Gemüse mit Rosmarin-Lamm 92
Grüne Gazpacho mit Gurkenspieß 48
Grüner Smoothie 38
Gurkensalat, fruchtiger 103
Gurkenstreifen und pochierte Hähnchenbrust auf Limetten-Joghurt-Sauce 119
Kalbsschnitzel mit fruchtigem Gurkensalat 103
Kartoffel-Gurken-Salat mit Chicorée 74
Reispapierrollen mit Salat und Sojasaucendip 146
Salade niçoise 85
Schnelle kalte Tomatensuppe 56
Schwarzer Eistee mit Johannisbeersaft 33

Kaiserschoten
Fisch mit grünem Gemüse und Currysauce 134
Kaiserschoten-Kokosmilch-Suppe, lauwarme 47

Karotte
Salat mit Roter und Gelber Bete und panierten Austernpilzen 82

Kartoffel
Frittata mit Tomatensalat 158
Kartoffel-Gurken-Salat mit Chicorée 74

Knoblauch
Avocadoschiffchen mit Linsengemüse 157
Caesar Salad 86
Feine leichte Buttermilchsuppe 52
Grüne Gazpacho mit Gurkenspieß 48
Hähnchen-Tacos mit Tomatensalsa und Knoblauchcreme 108
Kräuter-Perlgraupen-Salat mit Feta 81
Pak Choi mit Saibling Asia-Style 126
Papayatarte mit Dinkelstreuseln 162
Pikante kalte Mandelsuppe 55
Salade niçoise 85
Salat Caprese für Johanna 77
Süßkartoffelfächer aus dem Ofen mit Rucoladip 153
Süßkartoffeltarte 149
Knoblauchcreme 108

Kohlrabi
Frittata mit Tomatensalat 158
Kohlrabirisotto mit Rinderhackfleisch 115

GEMÜSE VON A BIS Z

Lauch
- Lauchkuchen mit Brokkoliboden 141
- Weltklasse-Flammkuchen mit Lachs 137

Pak Choi
- Pak Choi mit Saibling Asia-Style 126

Paprikaschote
- Ei im Glas Asia-Style 59
- Fisch-Tacos mit Chili-Limetten-Schmand-Dip 130
- Gegrilltes grünes Gemüse mit Rosmarin-Lamm 92
- Grüne Gazpacho mit Gurkenspieß 48
- Kräuter-Perlgraupen-Salat mit Feta 81
- Lauwarme Kaiserschoten-Kokosmilch-Suppe 47
- Reispapierrollen mit Salat und Sojasaucendip 146
- Rindfleisch-Paprika-Spieße mit Zucchinispaghetti 95

Radieschen
- Gebratener Ziegenkäse auf Salat von Kirschen und Radieschen 166
- Kohlrabirisotto mit Rinderhackfleisch 115

Rote Bete
- Salat mit Roter und Gelber Bete und panierten Austernpilzen 82

Schalotte
- Blumenkohl aus dem Ofen mit Rinderfilet und Johannisbeer-Vinaigrette 116
- Entenbrustscheiben auf Bohnensalat 96
- Garnelen mit Reis, Granatapfel und grünem Apfel 133
- Hähnchen-Tacos mit Tomatensalsa und Knoblauchcreme 108
- Kalbsschnitzel mit fruchtigem Gurkensalat 103
- Kohlrabirisotto mit Rinderhackfleisch 115
- Rinderfiletscheiben mit Fenchel und Papaya-Vinaigrette 100
- Süßkartoffelfächer aus dem Ofen mit Rucoladip 153
- Ziegenkäse mit Kräuter-Feldsalat und Johannisbeer-Vinaigrette 169

Spargel, grüner
- Bruschetta mit grünem Spargel 63
- Grüner Spargel mit Avocadodip, gegrilltem Kalbsrücken und Birne 112

Spargel, weißer
- Eiskalte Spargelsuppe 51
- Weißer Spargel mit Holunder-Vinaigrette und Süßkartoffeln aus dem Ofen 142

Spinat
- Spinat mit pochierter Birne, Hähnchen und Kirschsauce 107

Staudensellerie
- Grüne Gazpacho mit Gurkenspieß 48

Süßkartoffel
- Kichererbsenstäbchen mit Süßkartoffelcreme 150
- Süßkartoffelfächer aus dem Ofen mit Rucoladip 153
- Süßkartoffeltarte 149
- Süßkartoffelcreme 150
- Weißer Spargel mit Holunder-Vinaigrette und Süßkartoffeln aus dem Ofen 142

Tomate
- Bunter Kugelsalat 89
- Ei im Glas italienische Art 59
- Frittata mit Tomatensalat 158
- Gegrillte Zucchini mit Vitello-Hackbällchen 123
- Griechischer Salat ohne Gurke 73
- Hähnchen-Tacos mit Tomatensalsa und Knoblauchcreme 108
- Quinoasalat mit gegrilltem Halloumi 66
- Salade niçoise 85
- Salat Caprese für Johanna 77
- Schnelle kalte Tomatensuppe 56
- Tomatensalat mit grünen Bohnen und Kapern 78
- Tomatensalsa 108

Zucchini
- Gegrilltes grünes Gemüse mit Rosmarin-Lamm 92
- Gegrillte Zucchini mit Vitello-Hackbällchen 123
- Rindfleisch-Paprika-Spieße mit Zucchinispaghetti 95
- Zucchiniröllchen mit Ricotta-Cashew-Füllung 170
- Zucchinispaghetti 95, 145
- Zucchinispaghetti mit Ricotta secca 145

Zwiebel
- Avocadoschiffchen mit Linsengemüse 157
- Fisch mit grünem Gemüse und Currysauce 134
- Gebratener Ziegenkäse auf Salat von Kirschen und Radieschen 166
- Gegrillte Ananasscheiben mit Birne, Blauschimmelkäse und geröstetem Pumpernickel 187
- Gegrilltes grünes Gemüse mit Rosmarin-Lamm 92
- Kartoffel-Gurken-Salat mit Chicorée 74
- Kichererbsensalat mit Kräutern 69
- Kräuter-Perlgraupen-Salat mit Feta 81
- Lammfilets mit roten Linsen und Mango 99
- Lauwarmer Linsensalat mit Gelber Bete, Avocado und Feta 154
- Rindfleisch-Paprika-Spieße mit Zucchinispaghetti 95
- Salade niçoise 85
- Weißer Spargel mit Holunder-Vinaigrette und Süßkartoffeln aus dem Ofen 142

DANKE

Der Verlag dankt allen Beteiligten, die durch ihre Mithilfe und Unterstützung zum Gelingen dieses Buches beigetragen haben. Für ihre unermüdlichen Bemühungen um die außerordentliche Qualität danken wir unseren Mitarbeitern Johanna Hänichen, Melanie Müller-Illigen, Justyna Schwertner, Ellen Schlüter, Philine Anastasopoulos, Maja Filipek, Anne Krause und Valerie Mayer.

Originalausgabe Becker Joest Volk Verlag GmbH & Co. KG
Bahnhofsallee 5, 40721 Hilden, Deutschland

3. Auflage Juli 2018
ISBN 978-3-95453-151-6

WWW.MENGENRECHNER.DE
UNSER KOSTENLOSER SERVICE FÜR SIE

Ausführliche Infos
Seite 188

TEXTE Dr. med. Anne Fleck
REZEPTE Su Vössing
FOOD-FOTOGRAFIE Hubertus Schüler
ASSISTENZ FOOD-FOTOGRAFIE Benedikt Koester
FOODSTYLING Stefan Mungenast
BILDBEARBEITUNG Sven Pawlowski
PROJEKTLEITUNG Johanna Hänichen
KOORDINATION FACHLEKTORAT UND NÄHRWERTBERECHNUNG
Philine Anastasopoulos
BUCHGESTALTUNG, ILLUSTRATIONEN UND SATZ Melanie Müller-Illigen
BILDBEARBEITUNG UND LITHOGRAFIE
Ellen Schlüter und Makro Chroma Joest & Volk OHG, Werbeagentur
FACHLEKTORAT REZEPTE Şebnem Yavuz
LEKTORAT Doreen Köstler
DRUCK Firmengruppe Appl, aprinta druck GmbH

BECKER JOEST VOLK VERLAG
www.bjvv.de

Bildnachweis: Fotolia: S. 9: © popout; S. 11: © Ildi; S. 13: Criene Images; S. 15: © Ramón López Farinós; S. 19: © pkanchana; S. 22–23: © Sunny Forest; S. 24, S. 25, rechts oben, S. 26, rechts oben: © Björn Wylezich; S. 25, links oben, S. 27, rechts oben: © Barbara Pheby; S. 26, links oben: © ExQuisine; S. 27, links oben: © photocrew